供电企业社会责任管理工具丛书

U0662139

你用电·我用心
Your Power Our Care

利益相关方参与及合作管理手册

国家电网有限公司 编

中国电力出版社
CHINA ELECTRIC POWER PRESS

序

习近平总书记在 2018 新年贺词中指出："2018 年，我们将迎来改革开放 40 周年。改革开放是当代中国发展进步的必由之路，是实现中国梦的必由之路。我们要以庆祝改革开放 40 周年为契机，逢山开路，遇水架桥，将改革进行到底。"改革开放 40 年来，中国企业取得了巨大的发展成就，许多企业具备了成为具有国际竞争力的世界一流企业的基础和条件。2017 年，在世界 500 强中，中国企业达到 115 家，已日益成为展示中国国家形象的新名片。与此相适应，随着我国企业影响力的不断扩大，中国企业社会责任发展也取得了巨大成就。

习近平总书记多次强调，"坚持经济效益和社会效益并重。一个企业既有经济责任、法律责任，也有社会责任、道德责任。企业做得越大，社会责任、道德责任就越大，公众对企业这方面的要求也就越高""只有富有爱心的财富才是真正有意义的财富，只有积极承担社会责任的企业才是最有竞争力和生命力的企业"。

在习近平新时代中国特色社会主义思想的引领下，在中国企业特别是中央企业的持续推动下，企业社会责任已在中国从无到有，从舶来品到真正植根于中国语境。2012 年底的中央经济工作会议明确提出要"强化大企业的社会责任"；十八届三中全会将"承担社会责任"作为深化国有企业改革的六项重点工作之一；十八届四中全会特别指出要"加强社会责任立法"；十八届五中全会提出"加强国家意识、法治意识、社会责任意识"。"十九大"做出了我国社会主要矛盾发生转化的重大判断，提出"推进诚信体系和志愿服务制度化，强化社会责任意识、规则意识、奉献意识"，我国已将企业社会责任上升为国家意志和国家战略。

自 2006 年以来的 13 年中，国家电网公司坚持理论与实践并重，率先发布我国首份企业社会责任报告，首个企业履行社会责任指南，首个企业绿色发展白皮书，首个企业价值白皮书，首套企业社会责任管理工具丛书；深度参与社会责任国际标准 ISO 26000、国家标准 GB/T 36000 和行业标准制定；率先成立能源行业首个企业公益基金会；社会责任案例进入哈佛、北大、清华等高校课堂。国家电网公司持续探索与完善社会责任工作体系，经历"导入起步（2006—2007）""试点探索（2008—2011）""全面试点（2012—2013）""根植深化（2014—2016）"四个阶段，进入"示范引领"阶段，推动全面社会责任管理根植于企业运营，推进社会责任模式创新和制度创新，在创新管理模式、综合价值实现模式和责任落实机制方面取得丰硕成果，为企业社会责任发展贡献了国家电网智慧和国家电网经验，引领了企业社会责任管理的发展方向。

供电企业作为提供公共产品与服务的基础产业，既是服务千家万户的可靠供电保障主体，也是关系国计民生的能源战略实施主体，同时还是公众高度关注的社会资源配置主体。供电企业的公共事业属性，决定了其肩负着重大的政治、经济与社会责任，必须秉承人民电业为人民的企业宗旨，坚持以客户为中心、专业专注、持续改善的核心价值观，做好电力先行官，架起党联系群众的连心桥，在服务党和国家工作大局、服务经济社会发展和人民美好生活中当排头、做表率。改革开放以来，我国供电企业一直积极履行社会责任，自觉追求社会综合价值最大化，不断推动社会责任融入企业日常经营与管理，很好地发挥了引领和示范作用。同时，作为运营受到社会广泛监督，重大决策只有得到政府许可、社会认同、公众支持才能付诸实施的公用事业企业，供电企业最有意愿将社会责任理念融入日常的运营管理，也最迫切需要一套系统、实用的导入工具。

这套社会责任管理工具丛书，就是将国家电网公司历年来在企业社会责任管理方面的经验与实践，进行"将复杂的问题简单化""将具体内容逻辑化、结构化、图示化"的梳理，把社会责任理论与具体的产业、行业、企业业务有机地结合起来，根据不同的情景，提出不同的解决方案，并提供相应的管理工具，希望使读者能够在短时间内有效地理解、掌握和运用。我们相信，这套丛书对我国供电企业，甚至是所有企业全面了解、系统掌握和熟练应用社会责任理念、方法和工具，将起到重要的指导和借鉴作用，必将对我国企业社会责任理论与实践的发展起到重要的促进作用，对中国经济社会可持续发展和企业更好履行社会责任产生重要而深远的影响。

习近平新时代中国特色社会主义思想和党的"十九大"精神赋予了新时代企业社会责任的新使命，指明了新时代企业社会责任的新方向，明确了新时代企业社会责任的新任务。40年物换星移，40年春华秋实，今天，站在新的历史方位，中国企业社会责任的理论创新、制度建设、实践方法也必须进入新境界，必须从更高起点上系统谋划，整体推进。我们有信心，通过不懈努力和不断探索，与社会各方和全球伙伴一起，携手应对世界经济、社会、环境发展中的新挑战，共同构建人类命运共同体，努力促进全球可持续发展目标的实现。

国家电网公司董事长、党组书记

2018年6月

前　言

　　电网作为能源配置的重要基础平台、输送电能的唯一载体，其功能的充分发挥对保障能源资源持续供应，优化国家能源结构，应对全球气候变化，统筹利用环境容量，促进中国经济、社会、环境的全面协调可持续发展具有至关重要的作用。电能不能大规模储存，发、供、用电瞬时完成，且电能输送依靠真实的物理网络，发、供、用电系统密不可分，这就决定了电力系统的稳定高效运行，需要每个环节的通力合作。充分了解各个利益相关方的期望与诉求，推进利益相关方的参与及合作是供电企业发展的外部环境基础。

　　供电企业资产规模大、技术要求高、社会价值复杂，需要决策者拥有较强的决策能力、充分的决策信息和足够的决策资源支持。政府、社会和供电企业之间存在的决策权力配置格局与决策能力、信息和资源分布格局的不对称，决定了供电企业需要推动利益相关方参与企业的决策和活动，促进利益相关方的参与及合作，充分发挥利益相关方的主动性、积极性和创造性，获得利益相关方的价值认同。为了更为充分地促进多方共赢，国家电网有限公司编制了《利益相关方参与及合作管理手册》。

　　本手册以利益相关方理论和社会责任管理理论为基础，结合国家电网有限公司的优秀做法和成功经验，建立规范化、系统化的利益相关方参与及合作管理模式。本手册分为概念篇、方法篇、实务篇和工具篇四个部分，系统地回答了"何谓利益相关方参与及合作""为什么要推进利益相关方参与及合作""利益相关方参与及合作有哪些方法和工具"以及"供电企业日常工作议题中如何运用利益相关方参与及合作理论和工具"等诸多问题，为供电企业推进利益相关方参与及合作提供了方法和指导，也对利益相关方参与及合作提出了明确的要求。

　　《利益相关方参与及合作管理手册》是国家电网有限公司的创新成果，这一成果将在实践中不断完善，以期成为指导供电企业开展利益相关方参与及合作、具有针对性和实用性的工具书。

目录

序
前言

概念篇

利益相关方参与及合作的概念 ……………………… 04
企业为什么要开展利益相关方参与及合作 ……… 05

方法篇

利益相关方参与及合作的总体思路 ………………… 08
利益相关方参与及合作的一般程序 ………………… 09
利益相关方识别机制 ………………………………… 10
利益相关方参与及合作的议题识别机制 ………… 12
利益相关方参与及合作的目标设定 ………………… 14
利益相关方参与及合作的基本原则 ………………… 15
利益相关方参与及合作的基本类型 ………………… 16
利益相关方参与及合作的主要方式 ………………… 17
利益相关方参与及合作的落实机制 ………………… 18
利益相关方参与及合作的效果评估 ………………… 19

实务篇

利益相关方参与及合作的重点议题图谱 ··········· 22

电网规划中的利益相关方参与及合作 ·············· 24

电网建设中的利益相关方参与及合作 ·············· 30

电网运行中的利益相关方参与及合作 ·············· 42

电网检修中的利益相关方参与及合作 ·············· 54

供电服务中的利益相关方参与及合作 ·············· 74

其他活动中的利益相关方参与及合作 ·············· 96

工具篇

利益相关方识别方法与分类工具 ····················· 110

利益相关方参与及合作调研方法 ····················· 112

利益相关方参与及合作分析流程 ····················· 115

利益相关方参与及合作管理工具 ····················· 116

CONCEPTS
概念篇

利益相关方参与及合作的概念 ························· 04
企业为什么要开展利益相关方参与及合作 ········ 05

利益相关方
参与及合作的
概念

利益相关方

根据《国家电网有限公司履行社会责任指南》定义，利益相关方是指能够影响企业推进可持续发展，创造经济、社会、环境的综合价值的行为和过程或受企业行为和过程影响的团体与个人。对于供电企业而言，主要利益相关方包括客户、政府、供应商、发电企业、员工、社团组织、媒体、社区、专业机构等。

利益相关方参与

根据《ISO 26000：社会责任指南（2010）》的定义，利益相关方参与涉及组织与一个或多个利益相关方之间的对话。利益相关方参与通过为组织提供决策所必需的信息，帮助组织承担社会责任。

利益相关方合作

利益相关方合作指企业与一个或多个利益相关方之间为完成共同目标，在统一的认识和规范下，通过资源整合、相互配合，最大限度地创造综合价值的一种联合行动、方式。

利益相关方参与及合作的联系与区别

联系
- 二者的形式均为互动式，通过信息交流与资源整合促进目标的达成。
- 利益相关方合作是利益相关方参与的深化阶段，在客观条件变动下，利益相关方的参与会促成利益相关方合作。

区别
- 利益相关方参与的基本特征是双向交流，是各利益相关方通过诉求及意见表达，改变企业及自身行为的方式。
- 利益相关方合作建立在利益相关方参与的基础上，企业与利益相关方对话交流后，进一步投入资源，相互配合、联合行动以达到共同目的，其基本特征是资源整合。

企业为什么
要开展利益相关方
参与及合作

利益相关方参与及合作是企业管理从关注自身利益到关注利益相关方利益，进而实现信息共享、资源整合的企业管理方式的转变，有助于企业转换发展视角，增强企业运营透明度，赢得利益相关方的信任，更好地应对外界环境的变化。

利益相关方参与及合作是在分析利益相关方诉求及期望的基础上，有助于协调企业、利益相关方和社会整体期望之间的利益冲突，最大限度地满足利益相关方的合理期望，营造良好的外部发展环境。

供电企业
实现管理变革的
重要方向

供电企业
满足利益相关方
期望的重要途径

供电企业
防范社会与
环境风险的
有效方式

供电企业
最大限度创造
综合价值的
战略选择

利益相关方参与及合作需要在充分满足法律法规要求的基础上，帮助企业了解其决策和活动对特定利益相关方可能造成的后果，确定如何更有效地增加企业决策和活动的积极影响、减少消极影响，有效防范企业运营过程中的社会与环境风险。

利益相关方参与及合作使企业更积极主动地了解利益相关方的期望与诉求，有助于企业制定前瞻性的战略，增进决策和活动的有效性；同时，有助于提升企业品牌形象，增进利益相关方的价值认同，进而最大限度创造经济、社会、环境综合价值。

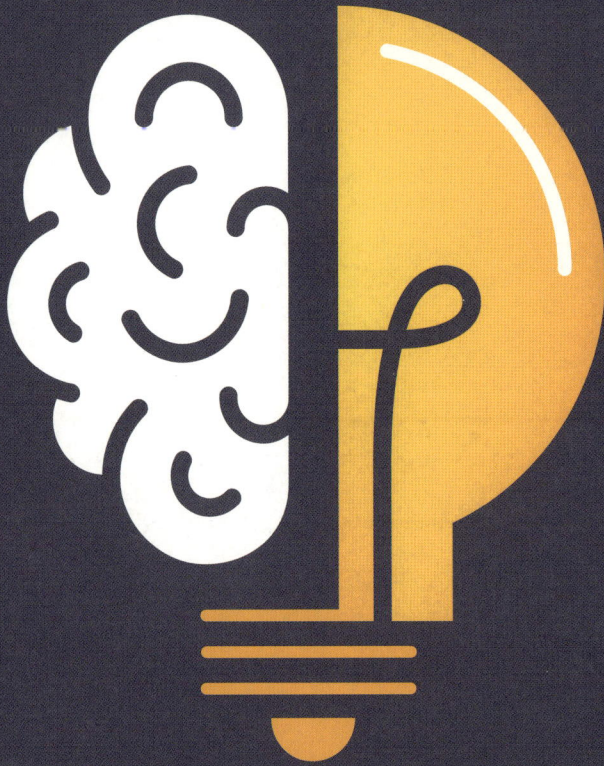

METHODS
方法篇

利益相关方参与及合作的总体思路 ·················· 08

利益相关方参与及合作的一般程序 ·················· 09

利益相关方识别机制 ·················· 10

利益相关方参与及合作的议题识别机制 ·········· 12

利益相关方参与及合作的目标设定 ·················· 14

利益相关方参与及合作的基本原则 ·················· 15

利益相关方参与及合作的基本类型 ·················· 16

利益相关方参与及合作的主要方式 ·················· 17

利益相关方参与及合作的落实机制 ·················· 18

利益相关方参与及合作的效果评估 ·················· 19

利益相关方参与及合作的总体思路

利益相关方参与及合作主要用于提升供电企业日常工作质量、解决企业运营面临的实际问题，通过选择合适的利益相关方参与及合作渠道、方式、程序等，实现利益相关方目标与企业目标的和谐统一。

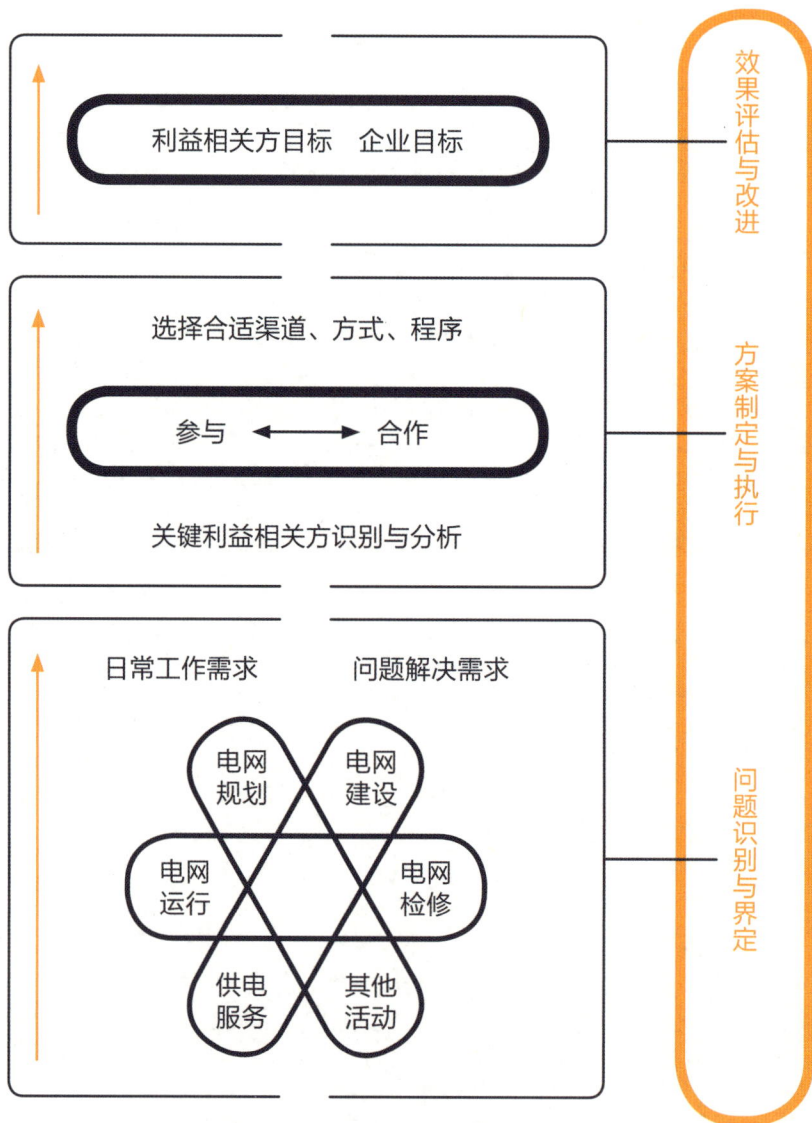

利益相关方目标　企业目标

效果评估与改进

选择合适渠道、方式、程序

参与　←→　合作

关键利益相关方识别与分析

方案制定与执行

日常工作需求　　问题解决需求

电网规划　电网建设

电网运行　电网检修

供电服务　其他活动

问题识别与界定

利益相关方参与及合作的总体思路

利益相关方参与及合作的一般程序

利益相关方参与及合作的一般程序是在确定利益相关方参与及合作议题与目标的基础上，进行关键利益相关方的识别与分析，通过一系列行动形成参与及合作方案制定、实施、效果评估及总结改进的闭环，最终形成可持续的良性参与及合作机制。

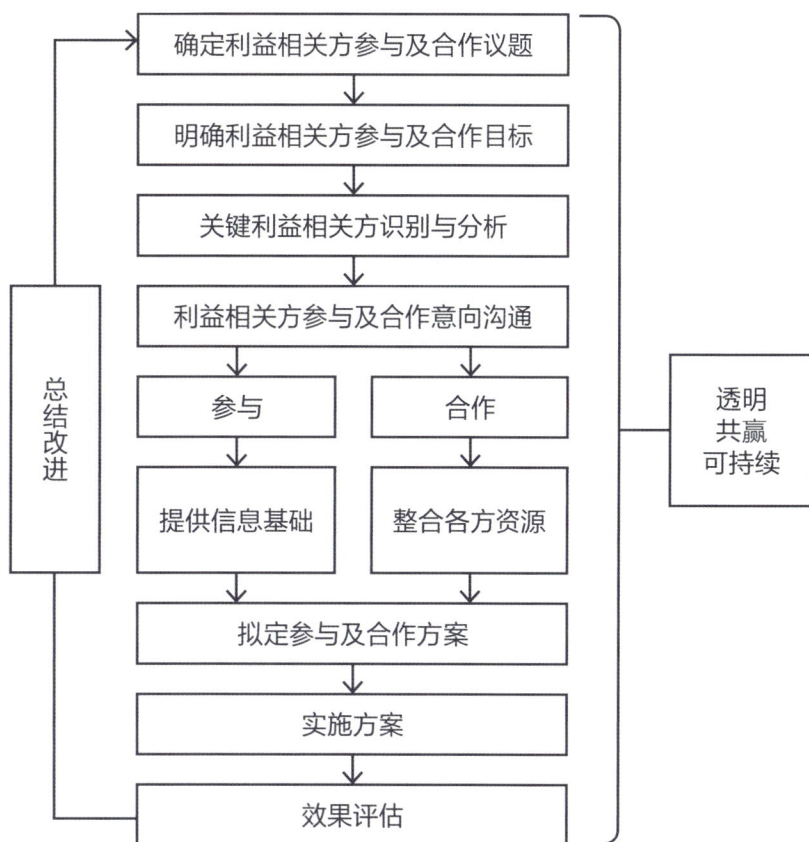

```
        ┌────────────────────────────────┐
        │  确定利益相关方参与及合作议题    │
        └────────────────────────────────┘
                      ↓
        ┌────────────────────────────────┐
        │  明确利益相关方参与及合作目标    │
        └────────────────────────────────┘
                      ↓
        ┌────────────────────────────────┐
        │     关键利益相关方识别与分析     │
        └────────────────────────────────┘
                      ↓
        ┌────────────────────────────────┐
        │  利益相关方参与及合作意向沟通    │
        └────────────────────────────────┘

   总结改进    参与        合作      透明 共赢 可持续

         提供信息基础    整合各方资源

        ┌────────────────────────────────┐
        │       拟定参与及合作方案         │
        └────────────────────────────────┘
                      ↓
        ┌────────────────────────────────┐
        │            实施方案              │
        └────────────────────────────────┘
                      ↓
        ┌────────────────────────────────┐
        │            效果评估              │
        └────────────────────────────────┘
```

利益相关方参与及合作的一般程序

解释说明：

- **确定利益相关方参与及合作议题**：收集、整理需要利益相关方参与及合作的议题。
- **明确利益相关方参与及合作目标**：对利益相关方参与及合作所要达到的目标做出明确预期，包括内部目标和外部目标。
- **关键利益相关方识别与分析**：进行不同阶段的关键利益相关方识别，并分析其期望、资源、影响力和对议题的影响方式。
- **利益相关方参与及合作意向沟通**：根据不同利益相关方期望与影响力，及工作推进实际需要，进行利益相关方参与及合作意向沟通，整合各方资源。
- **拟定参与及合作方案**：确定利益相关方参与及合作方式、计划、资源配置及资源保障等。
- **实施方案**：实施特定议题不同阶段的利益相关方参与及合作方案。
- **效果评估**：从内外两个维度评估利益相关方参与及合作的效果和效率。
- **总结改进**：及时总结经验，完善特定议题利益相关方参与及合作的制度和程序，持续改进。

利益相关方识别机制

供电企业日常经营活动中会涉及诸多利益相关方，为确保工作有序开展，可从对供电企业日常工作具有重要影响与受到供电企业决策和活动重大影响两个维度进行利益相关方识别。

谁
对供电企业日常工作
具有重要影响

- 供电企业对谁有法定义务
- 谁曾经参与过供电企业的决策和活动
- 谁能够帮助供电企业处理特定影响

谁
受到供电企业决策和
活动重大影响

- 谁会受到供电企业决策或活动的积极或消极影响
- 如果被排除在参与进程之外，谁将处于不利地位
- 价值链中谁受到了影响

利益相关方识别维度

根据以上两个维度，就能找出与供电企业日常工作开展有直接关联的个人和团体，即企业的利益相关方。企业的关键利益相关方能够按照影响力和确定性两个维度进行筛选。

关键利益相关方筛选维度

维度	定义	类别
影响力	指利益相关方对企业的重大决策、发展战略或日常运营产生影响和控制的程度	● 影响重大决策和发展方向的战略型 ● 影响日常运营和管理活动的业务型
确定性	指利益相关方是否对企业提出明确的期望，是否容易与企业沟通交流，是否易于管理和控制	● 具体期望明确、容易沟通交流、易于管理和控制的确定型 ● 具体期望不明确、不容易沟通交流、不易于管理和控制的不确定型

经过以上两个阶段的梳理，结合外部期望，得出供电企业业务运营各环节涉及的关键利益相关方。

供电企业业务运营各环节涉及的关键利益相关方

业务运营环节	外部期望	涉及关键利益相关方
电网规划	● 主动与政府沟通，及时汇报电网规划方案制定进度及涉及的相关问题，支持政府重点项目建设，匹配经济社会发展对电力的需求 ● 完善电源点布点，及时公布电网建设规划 ● 支持清洁能源并网发电，做环境保护的先行者	政府 客户 媒体 设计单位 发电企业 …
电网建设	● 电网建设充分考虑社会、环境等因素；重视电网建设过程中的环境保护 ● 妥善处理电网建设征地、拆迁赔偿等问题 ● 确保电网建设过程中的人身健康、安全 ● 保障电网建设过程中公众的知情权 ● 尽量减少对居民生活的影响	政府 客户 媒体 社区 施工方 供应商 …
电网运行	● 保障电网安全、稳定、环保运行 ● 最大限度地保障清洁能源上网 ● 畅通与发电企业的沟通渠道，严格执行"公开、公平、公正"调度与交易合同	政府 发电企业 客户 金融机构 …
电网检修	● 电力得到稳定供应 ● 检修工作更加透明，及时发布检修通知，征询重点客户意见 ● 提升检修效率、减少停电时间 ● 指导客户安全用电 ● 做好突发事件应急管理	政府 客户 科研院所 媒体 …
供电服务	● 提供更加优质的服务 ● 严格执行国家电价政策 ● 开展透明运营 ● 推进电力知识普及与宣传工作 ● 开展电能替代 ● 开展社区公益	政府 客户 媒体 社区 …

利益相关方
参与及合作的
议题识别机制

利益相关方参与及合作议题区别于企业社会责任议题，需要从日常工作中所面临的问题出发，对需要利益相关方参与及合作的议题进行系统识别、梳理。

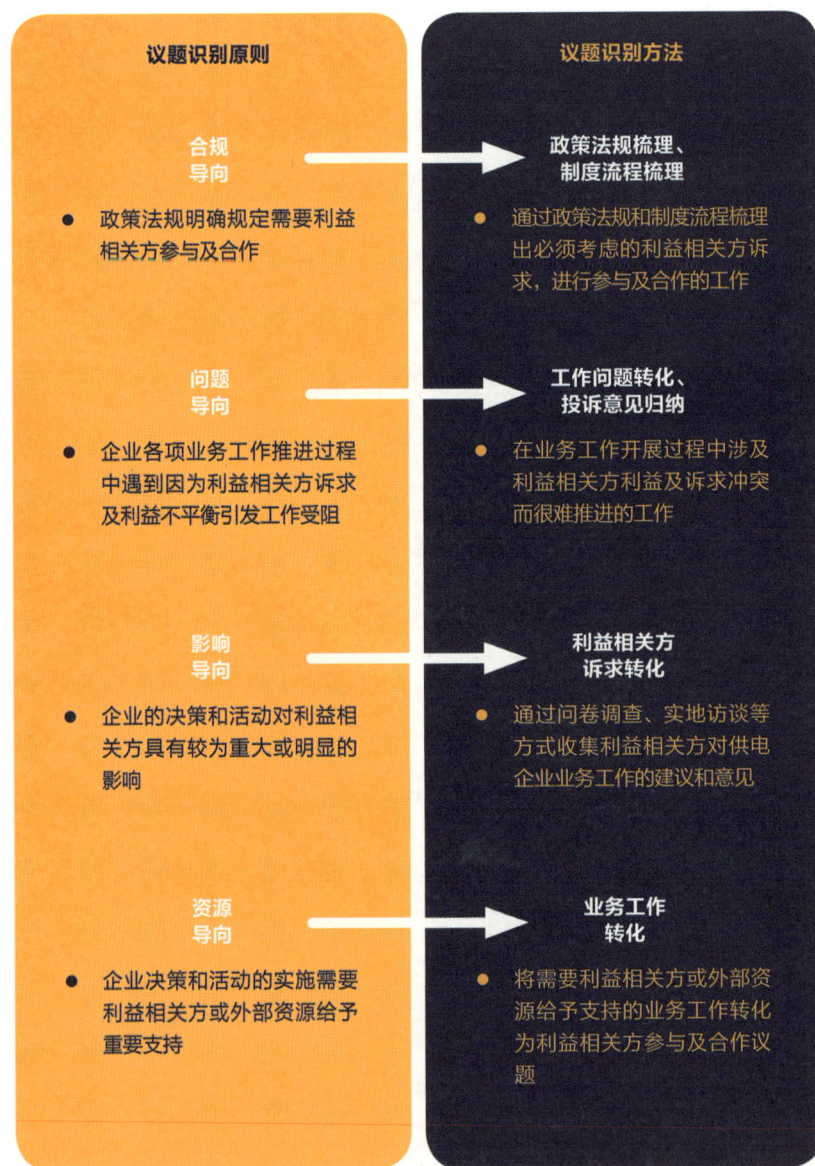

议题识别原则

**合规
导向**

- 政策法规明确规定需要利益相关方参与及合作

**问题
导向**

- 企业各项业务工作推进过程中遇到因为利益相关方诉求及利益不平衡引发工作受阻

**影响
导向**

- 企业的决策和活动对利益相关方具有较为重大或明显的影响

**资源
导向**

- 企业决策和活动的实施需要利益相关方或外部资源给予重要支持

议题识别方法

**政策法规梳理、
制度流程梳理**

- 通过政策法规和制度流程梳理出必须考虑的利益相关方诉求，进行参与及合作的工作

**工作问题转化、
投诉意见归纳**

- 在业务工作开展过程中涉及利益相关方利益及诉求冲突而很难推进的工作

**利益相关方
诉求转化**

- 通过问卷调查、实地访谈等方式收集利益相关方对供电企业业务工作的建议和意见

**业务工作
转化**

- 将需要利益相关方或外部资源给予支持的业务工作转化为利益相关方参与及合作议题

利益相关方参与及合作议题识别原则及方法

经过以上阶段的梳理，结合供电企业业务运营各环节中面临的外部期望，得出利益相关方参与及合作重点议题。

利益相关方参与及合作重点议题筛选

业务运营环节	日常工作问题梳理	重点议题
电网规划	• 电网规划与地方发展规划及重点项目建设布点不协调 • 电网规划不能满足地方经济社会发展需求 • 电网线路走向影响城市美观 • 供电企业规划审批时间与工程建设工期重合	• 变电站规划选址 • 电网规划环境影响评估 …
电网建设	• 电网工程建设不能达到环保标准 • 电网工程建设涉及居民利益纠纷，引起阻工、信访等危害社会稳定事件 • 电网工程建设影响居民正常生活	• 电网工程建设施工受阻 • 承包商安全管理 • 绿色施工 …
电网运行	• 重要活动期间保供电对供电企业的考验 • 日常保障电网安全、稳定、环保运行的巨大挑战 • 保证"三公"调度，最大限度保障清洁能源上网的挑战	• 重要活动保电 • 停电管理 …
电网检修	• 检修时间制定及具体工作的不透明对客户造成不良影响 • 检修期间停电对客户的影响，引起投诉及不满 • 突发事件对供电企业及时抢修复电的考验	• 防外力破坏 • 树线矛盾 • 应急抢修 …
供电服务	• 业扩报装速度与时限不能满足客户用电需求 • 服务界面延伸困境不能满足更多人需求 • 企业经营困境导致电费回收困难 • 电力知识普及和宣传覆盖人群有限 • 客户对供电企业运营业务及流程的误解	• 业扩报装 • 弃管小区 • 公共事业信息一体化采集 • 安全用电教育 • 农网改造升级 …
其他活动	• 社会公益活动的有效性及持续性的考验 • 企业社会责任信息的透明度有待加强	• 社会公益 • 社会责任沟通活动 …

利益相关方
参与及合作的
目标设定

利益相关方参与及合作是建立在责任边界清晰、责任目标明确、双方利益平衡与互利共赢的基础上，因此需要对利益相关方参与及合作的对象范围、对象的覆盖程度、有效性、成本进行科学合理的判断，并针对每一类利益相关方参与及合作制定相应的目标。

利益相关方参与及合作目标

利益相关方	参与及合作的对象范围	参与及合作的对象覆盖程度	参与及合作的有效性	参与及合作的成本	利益相关方参与目标	利益相关方合作目标
政府	各业务环节、业务部门的主管单位及需要汇报的各部门	高	高	中	建立政企沟通机制	建立政企联合工作组
合作伙伴	与企业签订合同的合作伙伴	高	中	中	建立座谈会机制	建立合作平台或商会联盟
企业客户	全体企业用电客户	高	中	中	建立监督、反馈机制	建立业主项目部
居民客户	全体居民用电客户	高	中	低	建立监督、反馈机制	聘任监督员、体验员
社区	企业日常经营活动直接影响到的社区	低	中	低	建立监督、反馈机制	建立社区联合工作组
媒体	中央、地方媒体及行业媒体	低	中	中	建立沟通机制	联合举办活动

利益相关方
参与及合作的
基本原则

利益相关方参与及合作是针对不同工作阶段所进行的选择性和持续性工作，其基本原则具有一定的共通点和重合性。

- 企业与各利益相关方的参与及合作要互相信任，透明运营，才能实现综合价值的最大化。
- 企业需要及时、准确地接收利益相关方诉求和建议，才能通过改变行为促进综合价值提升。

- 利益相关方对于企业运营可能创造的经济、社会和环境的不同价值存在着各自优势，这种优势既可能源于能够创造某种价值的需要，也可能产生于预防和避免特定风险的需要。

- 遵循社会分工的原则，让专业的人去干专业的事，各就其位、各尽其责。
- 企业应推动各利益相关方去承担应当承担的责任。
- 企业可以推动利益相关方之间开展合作，形成耦合效应。

诚信
透明

优势
互补

利益相关方
参与及合作
的基本原则

合理
分工

互利
共赢

可持续

- 企业与各利益相关方都可以通过参与及合作实现各自的价值偏好和期望满足。
- 企业与各利益相关方的参与及合作不能以"共谋"为目的，不能给社会带来损害。

- 参与及合作各方都要形成有效机制，明确各自的责任和义务，建立相应的制度规范，形成可持续效应。

利益相关方
参与及合作的
基本类型

利益相关方参与及合作可从不同维度划分为不同类型，如利益相关方参与及合作的动机、环节、可持续性，以及参与方 / 合作方的数量等维度。

利益相关方参与及合作的基本类型

分类维度	参与及合作类型	定义
参与及合作动机	被动	指企业对社会、环境风险缺乏良好预判，在出现社会、环境危机后，寻求利益相关方参与及合作，以应对危机
	主动	指企业对社会、环境风险进行良好预判，并主动采取行动，加强利益相关方参与及合作
参与及合作环节	特定环节	指企业在工作的特定环节引入利益相关方参与及合作
	全过程	指企业在工作的全过程保持利益相关方参与及合作的全覆盖
参与及合作可持续性	一事一议	指企业应对不同的问题制定不同的利益相关方参与及合作方案
	可持续	指企业针对各类问题建立了成熟、可复制、可推广的利益相关方参与及合作机制
参与方 / 合作方数量	双方	指企业与单个利益相关方群体进行一对一沟通交流或联合行动
	多方	企业与多个利益相关方群体进行多方沟通交流、建立平台或联合行动

利益相关方参与及合作的主要方式

利益相关方参与及合作的主要方式有信息告知、接受反馈、对话交流和共同行动。

参与方式		具体措施
营业场所告知 发放宣传材料 召开新闻发布会 调度信息发布会 招标信息发布会 公益活动仪式 电力扶贫报告 媒体报道 ……	**信息告知**	• 披露电价标准、收费政策、服务渠道、服务标准等重要信息 • 普及用电安全常识、触电急救、电力设施保护等知识 • 披露交易计划、价格、采购政策等信息 • 通报安全生产和工程质量信息 • 披露公益事业、电力扶贫等重要信息 • ……
95598 供电服务热线 网络反馈平台 供电满意度调查 行风建设调研 专家意见咨询会 座谈会 公益项目调研 公益项目绩效第三方评估 ……	**接受反馈**	• 听取客户意见、建议、期望等 • 开展服务满意度调查，了解客户关注议题 • 开展供电服务明察暗访，实地走访营业厅、供电所和客户 • 倾听发电企业、设计施工企业、供应商的意见、建议等 • 了解公益项目进展及效果 • ……
走访客户 座谈会 服务"三农"实地调研 专家论坛 协调会 走访 公益论坛 ……	**对话交流**	• 与客户座谈 • 共商服务"三农"议题 • 共商电力行业发展、供应商资格审查标准和产品标准 • 了解伙伴关注核心议题 • 与专业团体共商公益事业战略 • ……
共同开展隐患排查 农电设施保护 厂网协调建设 设计施工联合攻关 合规审核及反馈 设立助学基金 社区共建 ……	**共同行动**	• 与客户共同制定供电服务解决方案 • 共同推进新农村建设 • 共同推动电源和电网协调发展、解决设计施工问题 • 联合研制关键设备 • 联合开展公益行动 • ……

利益相关方参与及合作主要方式

利益相关方参与及合作的落实机制

利益相关方参与及合作的落实机制分为战略型和业务型两类。

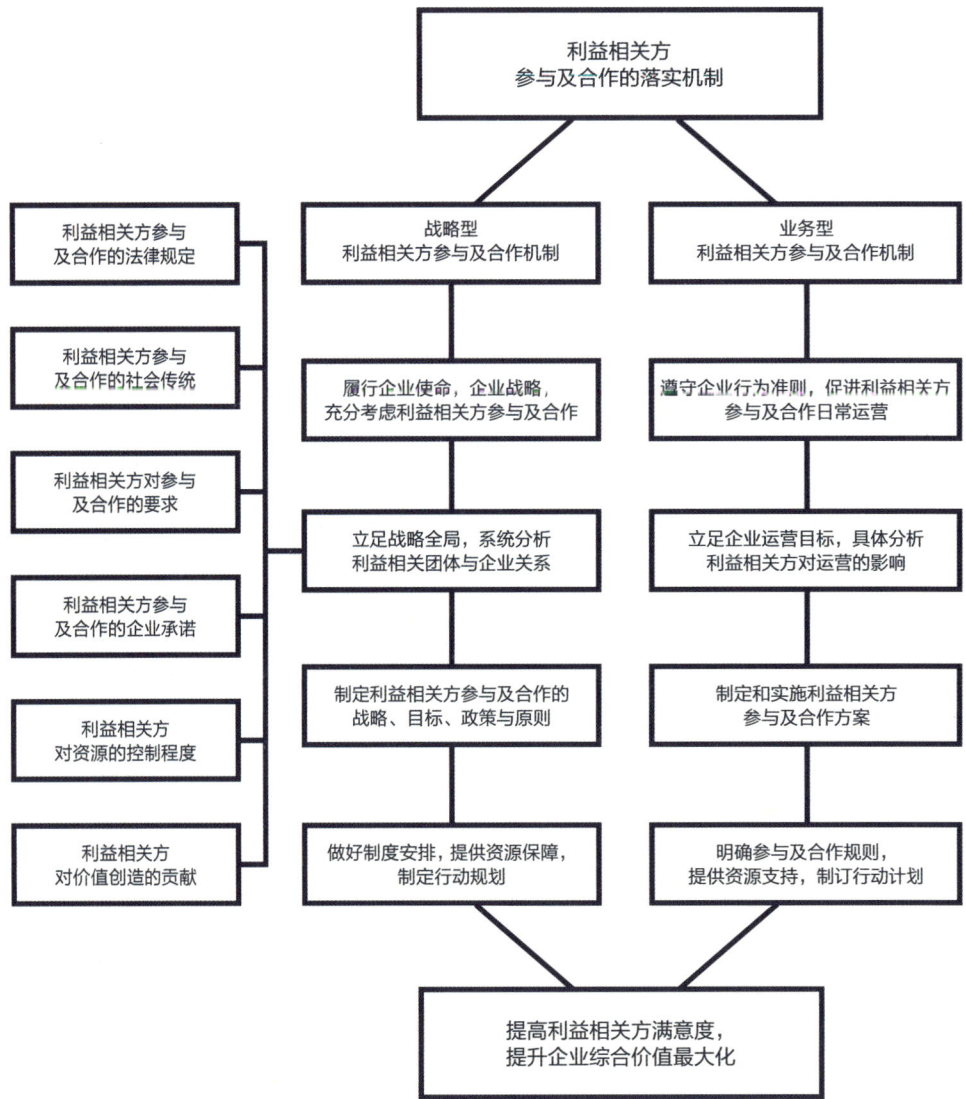

```
                        利益相关方
                        参与及合作的落实机制

利益相关方参与        战略型              业务型
及合作的法律规定      利益相关方参与及合作机制   利益相关方参与及合作机制

利益相关方参与        履行企业使命，企业战略，   遵守企业行为准则，促进利益相关方
及合作的社会传统      充分考虑利益相关方参与及合作   参与及合作日常运营

利益相关方对参与      立足战略全局，系统分析    立足企业运营目标，具体分析
及合作的要求          利益相关团体与企业关系    利益相关方对运营的影响

利益相关方参与        制定利益相关方参与及合作的   制定和实施利益相关方
及合作的企业承诺      战略、目标、政策与原则    参与及合作方案

利益相关方            做好制度安排，提供资源保障，   明确参与及合作规则，
对资源的控制程度      制定行动规划           提供资源支持，制订行动计划

利益相关方
对价值创造的贡献

                        提高利益相关方满意度，
                        提升企业综合价值最大化
```

战略型利益相关方参与及合作机制

- 在企业价值观和发展战略层面充分考虑利益相关方参与及合作。
- 立足企业发展战略全局，从法律规定、社会传统、利益相关方要求等方面系统分析利益相关方与企业的关系。
- 基于利益相关方与企业的关系，制定利益相关方参与及合作的战略、目标、政策和原则。
- 通过制度安排、资源保障和行动规划，确保利益相关方与企业的双赢合作。

业务型利益相关方参与及合作机制

- 企业上下要严格遵守企业行为守则，树立鼓励利益相关方参与日常运营的管理理念。
- 按照确保"安全、高效、绿色、和谐"的履责要求，具体分析建设和运营电网对利益相关方和环境的影响，制定和实施利益相关方参与及合作方案。
- 总结实践经验，持续改进利益相关方参与及合作规则，有针对性地制订行动计划，安排必要的资源支持，提升利益相关方参与及合作的制度化、规范化和程序化水平。

利益相关方参与及合作的效果评估

内部维度

从内部维度主要考虑利益相关方参与及合作实用性和可控性两个方面。

利益相关方参与及合作效果评估内部指标

评估指标	指标释义	等级标准和评估结论（1 最低，5 最高）				
实用性	指利益相关方参与及合作是否对企业工作开展有促进作用	1	2	3	4	5
可控性	指企业对利益相关方参与及合作的全过程是否可控在控	1	2	3	4	5

外部维度

从外部维度主要考虑利益相关方参与及合作的互动性、长效性、可复制性、满意度及美誉度情况。

利益相关方参与及合作效果评估外部指标

评估指标	指标释义	等级标准和评估结论（1 最低，5 最高）				
互动性	指企业与利益相关方是否建立了良好的参与及合作关系、参与及合作的方式是否更多元化	1	2	3	4	5
长效性	指企业与利益相关方的参与及合作机制是否可以保持长期运作	1	2	3	4	5
可复制性	指企业与利益相关方的参与及合作机制是否可以复制到其他议题或其他企业的同类议题	1	2	3	4	5
满意度	指议题涉及的利益相关方是否都表示满意	1	2	3	4	5
美誉度	指未直接与企业合作的利益相关方感知度和评价如何	1	2	3	4	5

PRACTICES
实务篇

利益相关方参与及合作的重点议题图谱 ………… 22

电网规划中的利益相关方参与及合作 ………… 24

电网建设中的利益相关方参与及合作 ………… 30

电网运行中的利益相关方参与及合作 ………… 42

电网检修中的利益相关方参与及合作 ………… 54

供电服务中的利益相关方参与及合作 ………… 74

其他活动中的利益相关方参与及合作 ………… 96

利益相关方
参与及合作的
重点议题图谱

通过方法篇的论证，针对当前供电企业基层单位业务运营各环节涉及的实际问题和挑战，梳理出重点议题。

供电企业基层单位利益相关方		
电网规划	**电网建设**	**电网运行**
编制 电网规划	进度 管理	电网调度 运行
选站 选线	安全 管理	继电 保护
……	质量 管理	……
	……	

参与及合作重点议题

电网检修	供电服务	其他活动
电网 运检	业扩 报装	社会 公益
电网 改造	客户 服务	社会责任 沟通活动
技术 监督	计量 管理	………
………	智能 用电	
	电费 管理	
	………	

备注：　以下议题选取范围为供电企业
主营业务中涉及的具体事项。

电网规划中的
利益相关方
参与及合作

变电站规划选址

背景分析

城市发展日新月异，地方规划频繁调整，被征地居民的赔偿诉求高于国家现行征地赔偿标准，居民对变电站带来的电磁辐射、噪声影响存在误解等因素，使得变电站规划选址很难精准实施。因此，促进供电企业与政府相关部门、被征地居民及周边居民等各利益相关方的参与及合作，有助于提高变电站规划选址的合理性，确保项目有序推进。

利益相关方参与及合作目标

- 变电站规划选址与地方经济发展规划相协调，与政府建立良好的参与及合作协调机制。
- 被征地居民合法权益得到维护，获得合理赔偿，减少纠纷事件。
- 公众对变电站带来的电磁辐射、噪声等影响有正确的认识，理解并支持电网规划建设。

关键利益相关方识别

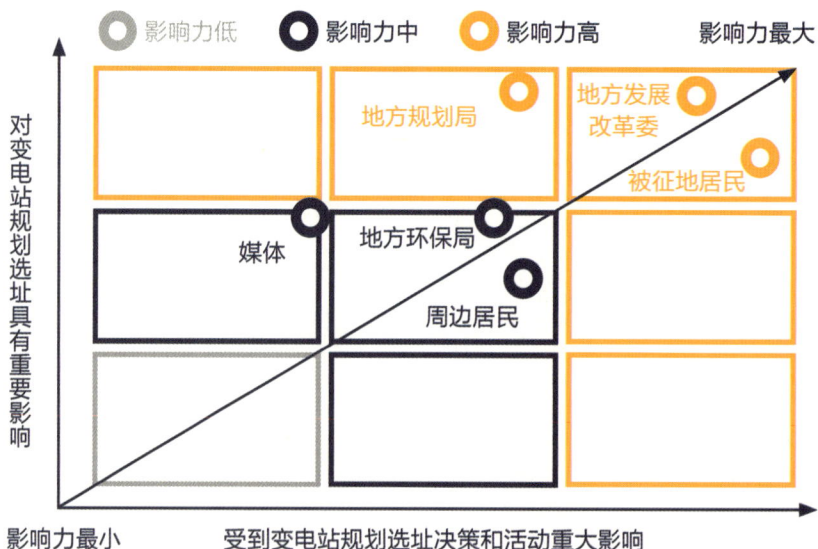

关键利益相关方分析

关键利益相关方	诉求及期望	对议题的影响方式	影响力
地方发展改革委	● 电网规划建设满足地方经济社会发展用电需求	● 可研审阅和批复与否	影响力星级 ★★★★★
地方规划局	● 电网规划与城市建设规划相一致 ● 减少纠纷事件对社会稳定发展造成不良影响	● 是否将电网规划纳入地方经济社会发展总体规划和专项规划 ● 后期是否重复建设	影响力星级 ★★★★★
地方环保局	● 电网规划考虑环境保护因素，符合环保要求 ● 电网规划与市政环保规划相协调	● 环评手续批复与否 ● 后期是否重复建设	影响力星级 ★★★★
被征地居民	● 追求自身利益最大化，获得满意的征地、拆迁赔偿	● 征地协议签署与否 ● 负面舆论引导 ● 信访	影响力星级 ★★★★★
周边居民	● 变电站与居住区保持安全距离，减少电磁辐射 ● 电缆入地，避免发生高压线触电等事故 ● 电网走线整齐规范，居住环境和谐美观 ● 防止输电线路造成房屋贬值	● 负面舆论引导 ● 信访	影响力星级 ★★★★
媒体	● 挖掘新闻价值	● 新闻传播信息是否有利于提升居民对电网知识、环保标准的科学认识	影响力星级 ★★★

注：　这里的影响力星级指在开展相关工作时各利益相关方所发挥影响力的大小。影响力星级从一星到五星，代表影响力水平如下：

★：影响力极小
★★：影响力较小
★★★：影响力一般
★★★★：影响力较大
★★★★★：影响力极大

解决方案

关键利益相关方	工作现实情况		参与及合作方式	利益相关方参与及合作策略
地方发展改革委	**标准化流程**		● 立项材料提交、工作汇报、函件往来、定期协商	● 根据地方经济发展规划统筹制定电网规划 ● 加强前期沟通，保障变电站规划选址符合城市发展规划要求
	进度受阻	● 审批时间超过正常办理周期	● 定期协商、专程拜访	● 形成定期汇报机制，及时汇报变电站规划进程，加快审批进度
		● 电网规划与地方经济发展规划不协调	● 高层对话、定期协商、专程拜访、多方会谈	● 召开电网规划协调会，加强前期沟通，了解冲突点，形成联合工作组，及时调整规划方案
地方规划局	**标准化流程**		● 项目报批材料提交、工作汇报、函件往来、定期协商	● 获取立项资格后，依法申请办理各项手续，严格履行报批、审核程序 ● 将电网规划选址纳入地方经济发展整体规划和专项规划
	进度受阻	● 审批时间超过正常办理周期	● 定期协商、专程拜访	● 努力获取政策支持，通过简化手续提高核发建设用地规划许可证和建设工程规划许可证速度
		● 用地、水土保持、地下埋藏物等不合规	● 高层对话、定期协商、专程拜访、多方会谈	● 召开工程协调会，加强前期沟通，了解冲突点 ● 推动成立联合指挥部，及时调整规划方案
地方环保局	**标准化流程**		● 开展环境评价、工作汇报、函件往来、定期协商	● 严格做好电网工程环境影响评价工作，提交环境影响报告 ● 开展电网规划建设环境保护宣传
	进度受阻	● 环境影响评价不达标	● 定期协商、专程拜访、联合行动	● 充分调研项目所在地生态与环境质量现状，分析电网工程建设、运行全过程对周边环境和生态的影响 ● 召开环境影响评价协调会，了解不达标事项，并及时整改
被征地居民	**标准化流程**		● 走访调研、定期协商	● 宣传讲解国家征地拆迁赔偿政策 ● 顺利签订征地赔偿协议
	进度受阻	● 赔偿金额不能满足居民预期，拒不签订赔偿协议	● 走访调研、定期协商、多方会谈、联合行动	● 推动政府、居委会（村委会）等相关部门成立联合指挥部，开展多方会谈，宣传国家征地赔偿政策 ● 了解被征地居民实际需求，争取政策支持 ● 联合公安机关等政府部门对恶意滋事居民进行教育，缓和矛盾
		● 因多次协商无果引起居民信访	● 入户走访、多方会谈、联合行动	● 推动相关政府部门联合行动，对信访居民进行宣传教育 ● 适度调整电网规划，降低冲突程度

续表

关键利益相关方	工作现实情况		参与及合作方式	利益相关方参与及合作策略
周边居民	**标准化流程**		● 环保宣传	● 密切关注居民想法，电网规划选址时整合周边居民需求 ● 宣传变电站建设、噪声、电磁辐射等环保知识
	进度受阻	● 对变电站建设、噪声、电磁辐射等存在误解，引发不满	● 走访调研、环保宣传、多方会谈、联合行动	● 联合环保机构、居委会（村委会）等组织多方会谈，科普变电站建设、噪声及电磁辐射知识 ● 入户走访调研，针对居民疑虑耐心解释
媒体	**标准化流程**		● 环保宣传	● 实时递送电网规划信息，进行变电站建设、噪声、电磁辐射等正确宣传
	进度受阻	● 披露负面信息	● 联合行动	● 推动与媒体机构成立合作平台，实时进行信息递送，保证信息量和正确性 ● 帮助挖掘新闻价值，进行良性合作

效果评估

效果评估阶段，通过问卷调查、走访调研、专程拜访等方式收集利益相关方的意见，并从内、外部维度进行评价，评价结果及时反馈到内部相关部门，及时进行工作改进，做到利益相关方参与及合作闭环管理。

内部维度

● 变电站规划选址工作是否如期顺利进行。
● 变电站规划选址工作中利益相关方参与及合作是否对工作有促进作用。
● 变电站规划选址工作中碰到的问题及难点是否有效解决。

外部维度

● 变电站规划选址是否与地方发展规划相协调，形成的利益相关方参与及合作机制是否有效。
● 被征地居民对赔偿结果是否满意，征地之外的其他不满事项是否得到有效解决。
● 周边居民对变电站建设、噪声、电磁辐射等问题是否树立正确认识，对供电企业的评价是否正面。
● 媒体传播信息是否有利于变电站规划选址工作的顺利推进。

案例

国网重庆市区供电公司
"两联三优"电网规划建设管理模式

背景分析

重庆市进入了飞速发展的新阶段，特别是主城核心区电力负荷增长速度较快。现有的《重庆市电力专项规划》所规划变电站点大多位于城市核心区域内，电网规划落地难、通道协调难、征地拆迁难、施工建设难等矛盾极为突出。一方面，主城核心区土地资源紧张，变电站用地指标及规划指标难以落实，电网建设环境日益趋紧，给电网适应负荷快速发展带来严重制约；另一方面，由于规划站点位置多数在居民聚居区，单位和居民以噪声和电磁污染为由，在规划、环评、国土等环节设置障碍，建设过程阻工闹事等现象依然很突出。国网重庆市区供电公司通过与建设部门的横向协同、纵向贯通，建立"两联三优"（政企联动、工程联建，优先建设、优质服务、优化发展）的电网规划建设管理模式，实现了变电站建设的超前布点，投资更省，环境更优。

关键利益相关方

区级政府

规划局

经信委

开发企业

国土部门

公安部门

环保部门

街道及社区居委会

解决方案

找准目标 — **定向沟通** — **政企联动** — **工程联合建设**

找准目标

根据辖区电网发展情况，通过开展广泛的利益相关方调研，针对变电站布点困难、周边变电站及线路重载情况突出，有新增负荷发展需求的城市建成区域，主动积极对接政府规划行政部门，了解片区规划调整情况，及时掌握片区整体开发、大型商住项目入驻等规划需求。

定向沟通

发现联合建设目标群以后，了解大客户用电需求，在全面分析利益相关方诉求的基础上，形成工作方案报告，组建设置协调小组，与联合建设合作单位开展全方位、多批次、数回合的沟通，使联合建设方案由浅入深、由粗转细、由分歧变为统一，逐渐成熟。

政企联动

在具备联合建设可行性的开发企业通过规划主管部门规划方案审查时，与规划主管部门积极沟通，汇报该地区供电瓶颈问题，提出与开发项目联合建设的可行性建议，并积极争取政府支持，将变电站用地指标纳入片区开发建设项目中。

在确定联合建设变电站后，由地方政府介入主导签订合作协议，并落实变电站用地规模及土地价格、建设模式，建议地方政府成立项目联合建设办公室，共同推进工程建设，并协调办理变电站建设相关手续。

工程联合建设

及时将建设项目纳入电网发展规划项目库，与开发项目同步开展变电站的前期工作，并按规定完善相关手续，由开发企业完成变电站土建部分，供电企业完成变电站内装饰和电气安装，以及线路部分建设，力争在开发项目交付使用前建成投运，规避阻工风险。

特色举措

"两联三优"的电网规划建设管理模式

- 通过不同利益相关方间横向协同、纵向贯通，打通电网规划建设中利益相关方沟通不畅问题，有效实现资源共享。

问题导向的参与及合作模式

- 通过调研分析，提前预判电网规划建设中的相关问题，并根据问题选择关键利益相关方，形成针对性参与及合作模式，及时化解电网规划建设所存在的风险。

参与及合作成效

有效缓解了电网瓶颈

- 有效缓解了核心区域供电半径过大、供电质量不高、供应缺口日益增大的问题。

有效优化了网架结构

- 强化了国网重庆市区供电公司辖区电力网架结构，为提供优质电力供应服务奠定了坚实的基础。

有效促进了多方合作共赢

- 实现开发企业、供电企业的资源整合，开发企业落实了优质可靠的电力供应来源、节省了上亿元的用电工程投资、提升了企业的形象。
- 变电站与开发主体同步建设，综合考虑外观一体化，优化了城市生态环境，体现了国家电网有限公司"推动再电气化，构建能源互联网，以清洁和绿色方式满足电力需求"的公司使命。

评价及改进

国网重庆市区供电公司在前期调研基础上，通过问题识别形成不同利益相关方间的横向协同、纵向贯通的"两联三优"电网规划建设管理模式，有效整合利益相关方资源，实现了多方共赢。未来，国网重庆市区供电公司可将此模式推广到电网规划建设之外的其他业务领域，全方位加强利益相关方参与及合作，提升优质服务与品牌形象。

电网建设中的
利益相关方
参与及合作

电网工程建设受阻

背景分析

电网工程建设是完善城市网架结构，缓解当地供电紧张的重要途径。由于受偿居民诉求与国家赔偿标准的冲突、周边居民对变电站站址及线路走廊带来的电磁辐射及噪声影响的担忧，电网工程建设施工受阻现象严重，造成工程建设成本增加、工期拖延，使变电站"落地难"。同时供电企业的性质和权限决定了施工受阻的出现及引发的矛盾和纠纷，必须推进利益相关方的参与及合作，共同保障电网工程建设的顺利投产。

利益相关方参与及合作目标

- 电网工程建设在计划时间和投资范围内流程标准化。
- 避免因赔偿不当造成的现场围堵、信访等纠纷事件，保障被征地居民合法权益，维护社会稳定。
- 形成公众对电网工程建设的正确认识，获得对电网建设的理解和支持。

关键利益相关方识别

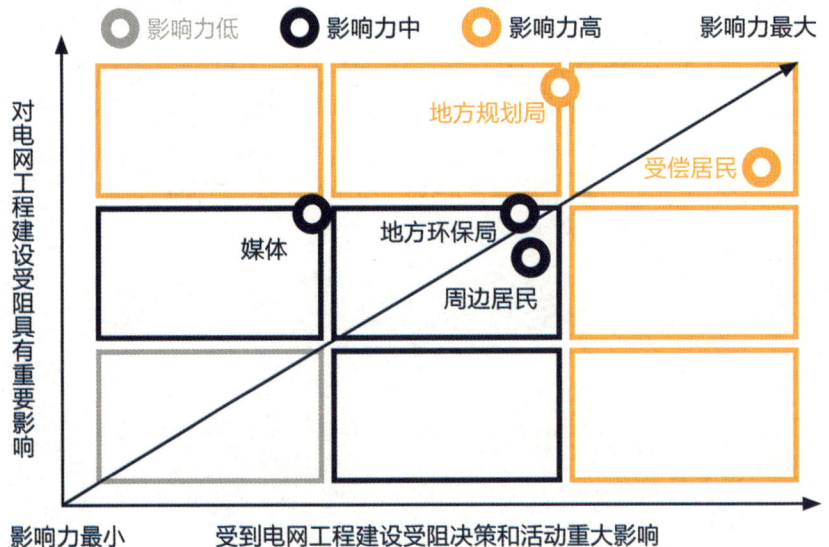

关键利益相关方分析

关键利益相关方	诉求及期望	对议题的影响方式	影响力
地方规划局	● 电网建设符合地方经济社会发展用电需求 ● 避免或减少占地、拆迁、赔偿等问题对社会稳定发展造成的不良影响	● 施工手续批复与否 ● 停工与否	影响力星级 ★★★★★
地方环保局	● 电网建设严格落实环保相关标准，避免对生态环境造成不良影响 ● 避免环境纠纷对社会稳定发展造成不良影响	● 是否公开电网建设相关数据信息 ● 后期是否重复建设	影响力星级 ★★★★
受偿居民	● 追求自身利益最大化，获得满意赔偿	● 赔偿协议签署与否 ● 负面舆论引导 ● 阻工 ● 信访	影响力星级 ★★★★★
周边居民	● 电网建设不产生噪声，影响正常生活 ● 电网建设安全，不出现安全事故危及生命 ● 电网建设过程干净卫生，不造成居住环境负面影响	● 负面舆论引导 ● 阻工 ● 信访	影响力星级 ★★★★
媒体	● 挖掘新闻价值	● 新闻传播信息是否有利于提升居民对电网知识、环保标准的科学认识	影响力星级 ★★★

解决方案

关键利益相关方		工作现实情况	参与及合作方式	利益相关方参与及合作策略
地方规划局	标准化流程		● 施工准备报批材料提交、工作汇报、函件往来、定期协商	● 依法申请办理各项手续，严格履行报批、核准程序
	进度受阻	● 审批时间超过正常办理周期	● 定期协商、专程拜访	● 形成定期汇报机制，及时汇报变电站规划建设进程，加快审批进度
		● 用地、水土保持、地下埋藏物等不合规，不予行政批复	● 高层对话、定期协商、专程拜访、多方会谈	● 召开工程协调会，加强前期沟通，了解冲突点 ● 推动成立联合指挥部
		● 时间紧迫，出现先施工后审批、边施工边审批情况	● 高层对话、定期协商、专程拜访、联合行动	● 加强前期沟通，加快审批进度 ● 推动成立联合指挥部，根据项目实际情况调整审批流程及进度，确保依法合规 ● 将电网规划选址纳入地方经济发展整体规划和专项规划
地方环保局	标准化流程		● 开展环境评价、工作汇报、函件往来、定期协商	● 严格做好电网工程环境影响评价工作，提交环境影响报告表 ● 开展电网规划建设环境保护宣传 ● 建议公开电网建设相关数据信息
	进度受阻	● 环境影响评价不达标	● 定期协商、专程拜访、联合行动	● 充分调研项目所在地生态与环境质量现状，分析电网工程建设、运行全过程对周边环境和生态的影响 ● 召开环境影响评价协调会，了解不达标事项，并及时整改
受偿居民	标准化流程		● 签订赔偿协议	● 宣传讲解国家征地、拆迁赔偿政策 ● 顺利签订征地赔偿协议
	进度受阻	● 赔偿金额不能满足居民预期，引起施工受阻	● 走访调研、定期协商、多方会谈、联合行动	● 推动政府、居委会（村委会）等相关部门成立联合指挥部，开展多方会谈，宣传国家征地赔偿政策 ● 了解被征地居民实际需求，争取政策支持 ● 联合公安机关等政府部门对恶意滋事居民进行教育，缓和矛盾
		● 居民对施工碾压耕地、农作物赔偿标准和负责赔付部门不清楚	● 走访调研、多方会谈、联合行动	● 推动政府、居委会（村委会）等相关部门成立联合指挥部，开展多方会谈，宣传国家征地赔偿政策
		● 因多次协商无果引起居民信访	● 入户走访、多方会谈、联合行动	● 推动相关政府部门联合行动，多次与信访居民进行宣传教育 ● 适度调整电网规划，减少冲突程度
		● 签订赔偿协议后在施工过程中继续阻挠	● 多方会谈、联合行动	● 推动政府联合行动，进行劝解和疏导 ● 推动公安部门联合行动，进行合法地保护性施工

续表

关键利益相关方		工作现实情况	参与及合作方式	利益相关方参与及合作策略
周边居民	标准化流程		• 环保宣传	• 密切关注居民想法，电网规划选址时整合周边居民需求 • 宣传变电站建设、噪声、电磁辐射等环保知识
	进度受阻	• 对变电站建设、噪声、电磁辐射等存在误解，引发不满	• 走访调研、环保宣传、多方会谈、联合行动	• 联合环保机构、居委会（村委会）等组织多方会谈，公开电网建设相关数据信息，科普变电站建设、噪声及电磁辐射知识 • 入户走访调研，针对居民疑虑耐心解释
		• 因周边居民个人原因拒绝配合电网建设	• 入户走访、联合行动	• 入户走访，深入了解个人需求 • 联合政府相关部门耐心解释劝导，争取理解和支持 • 环保部门公开电网建设相关数据信息 • 适度调整电网规划，避免直接冲突
媒体	标准化流程		• 环保宣传	• 实时递送电网规划信息，进行变电站建设、噪声、电磁辐射等正确宣传
	进度受阻	• 披露负面信息	• 联合行动	• 推动与媒体机构成立合作平台，实时进行信息递送，保证信息量和正确性 • 帮助挖掘新闻价值，进行良性合作

效果评估

效果评估阶段，通过问卷调查、走访调研、专程拜访等方式收集利益相关方的意见，并从内、外部维度进行评价，评价结果及时反馈到内部相关部门，及时进行工作改进，做到利益相关方参与及合作闭环管理。

内部维度
- 电网工程建设是否如期顺利进行。
- 电网工程建设中利益相关方参与及合作是否对工作有促进作用。
- 电网工程建设中碰到的问题及难点是否有效解决。

外部维度
- 电网工程建设形成利益相关方参与及合作机制是否有效。
- 被征地居民对赔偿结果是否满意，征地之外的其他不满事项是否得到有效解决。
- 周边居民是否树立了对变电站建设、噪声、电磁辐射等的正确认识，对供电企业的评价如何。
- 媒体传播信息是否有利于电网工程建设的顺利进行。

案例

国网綦南供电公司
精准施策优化渝黔铁路新线建设环境

背景分析

近年来，渝黔铁路新线建设等重点工程使綦江电网建设处于高峰期，因地区电力走廊稀缺带来的规划冲突，电网建设外部环境不容乐观，且工程建设领域线路跨房、塔基与房屋（坟墓）及电磁辐射等问题日益突出，群众维权意识逐步提高、诉求日益强烈，电网工程建设难度日益增大。国网綦南供电公司在厘清责任边界的基础上，积极推动利益相关方参与及合作，助力"渝黔合作"项目二郎电厂500千伏送出工程、"中新合作"项目安稳电厂扩建项目500千伏送出工程等一批重点项目相继按期或提前投运。

关键利益相关方

区政府	区发展改革委
区经信委	区规划局
区环保局	区督查室
区国土局	区公安局
区林业局	相关街镇

解决方案

强化组织领导，形成建设合力

协同多方联动，形成协调机制

规范工作流程，健全工作机制

- 协调区政府将电网建设项目纳入区年度重点项目推进，明确牵头协调区领导、责任部门和考核目标，每项工程由区责任部门牵头成立工程建设协调领导小组，相关街镇成立工作小组，强化组织领导。

- 形成"三化一统"工作模式，完善政企合作协调体系。
- 协调区土地征收中心牵头制定《塔基占用地补赔偿实施方案》《房屋拆迁建设实施方案》。
- 补赔偿费用进入区财政国库集中支付中心，建立"区—街镇—村社"三级管理机制，源头杜绝"荷包政策"。
- 协同街镇依法合规、实事求是解决群众合理诉求，多渠道向群众宣讲政策、疏导情绪。

- 严格执行"区—镇—村社"政府主导相关赔偿工作流程。
- 塔基赔偿按照"先动工、后赔偿"的原则，根据各街镇塔基勘丈确权进度及时兑付赔偿，临时补赔偿待塔基组立后，再由施工单位转款到区牵头部门统一兑付。
- 将协调贯穿施工全过程，执行"村社—镇—区"限时矛盾纠纷化解流程，落实街镇的主体实施责任，牵头部门建立施工受阻难点限期攻坚和响应机制，重大施工受阻问题由区牵头部门上报区长办公室研究解决。

特色举措

引入社会责任边界管理

- 全面考虑国家和地方政策法规要求、外部利益相关方诉求与履责能力等现实条件，合理确定工作的内容、方式与范围，并主动采取综合沟通协调等措施，实现各方利益平衡、共赢的合理状态，以妥善解决线路跨房、塔基与房屋（坟墓）及电磁辐射等问题，保证工程有序推进。

注重项目运营透明度管理

- 加强媒体正面宣传力度，制作PPT、撰写社论文章、制作微电影和宣传广告等，积极争取各方对项目建设的理解与支持。

- 加强社会风险管理，保证各方知情权、监督权、参与权，传播渝黔铁路建设模式对地方经济发展和确保地方和谐稳定的意义。

参与及合作成效

形成良性政企合作机制

- 通过深化政企合作，建立"区级部门统筹协调，街镇具体实施，参建单位密切配合"良好协调机制，保障了电网建设有力推进。

保障重点工程按期投运

- 保障了渝黔铁路綦江东、沙堡牵引变电站220千伏外部供电等工程按期投运，按计划推进变电站权证补办工作。

有效提升品牌形象

- 2014—2016年，綦江区电网工程涉及永久用地150亩、临时用地563亩，迁建房屋420户，工程投运至今，相关赔偿未产生遗留问题，未发生信访投诉事件，未发生环保投诉属实事件，维护了供电企业品牌形象。

评价及改进

国网綦南供电公司通过建立系统的利益相关方管理体系，翔实分析利益相关方的需求与期望，积极推动各利益相关方参与及合作，最终有效推进渝黔铁路牵引变电站工程顺利落地。

未来，将持续深化"三化一统"工作模式，纳入项目工程建设中的被征地居民等利益相关方，形成更为系统、完善的电网工程建设工作模式，并逐步推广到电力行业之外的其他基建项目中去。

输变电工程分包商管理

背景分析

工程施工分包是输变电工程建设过程中的重要组成部分，是工程建设安全管理、质量管理水平体现的重要环节。工程施工分包管理水平的高低、好坏对工程建设各类目标的实现，尤其对安全目标的顺利实现起着至关重要的作用。安全事故风险难以管控、事故发生后赔偿纠纷频发、安全管理难以层层落实等工作困境也随时提醒供电企业必须加强利益相关方参与及合作，全方位加强安全管控，遏制各类安全事故的发生。

利益相关方参与及合作目标

- 保障工程项目建设安全、质量、效益和进度。
- 提升施工安全水平，减少电网基建项目安全事件，维护社会稳定。
- 保障施工人员人身安全，提升其工作技能，保障取得合理报酬。

关键利益相关方识别

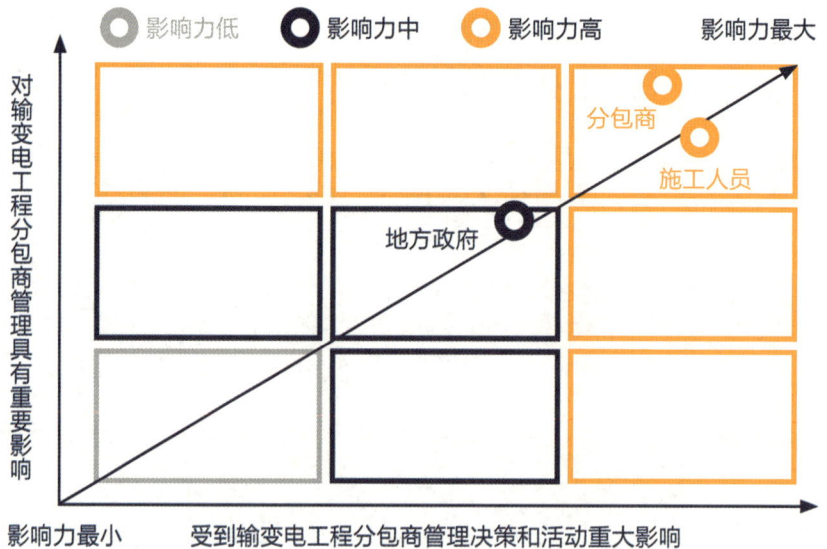

○ 影响力低　　● 影响力中　　○ 影响力高　　影响力最大

对输变电工程分包商管理具有重要影响

分包商

施工人员

地方政府

影响力最小　　受到输变电工程分包商管理决策和活动重大影响

关键利益相关方分析

关键利益相关方	诉求及期望	对议题的影响方式	影响力
地方政府	• 具备国家安全资质和安全生产保障能力 • 避免或减少因施工引起人身伤亡事件及对社会稳定发展造成的不良影响	• 资质证书及相关许可证颁发	影响力星级 ★★★
分包商	• 自身资质符合国家电网有限公司分包商准入条件 • 避免因施工人员人身伤亡带来的利益纠纷	• 获得资质证书及相关许可证 • 施工进度是否受到影响	影响力星级 ★★★★★
施工人员	• 获得合理报酬 • 提升工作技能 • 保障施工人员人身安全	• 信访 • 罢工 • 起诉 • 负面舆论引导	影响力星级 ★★★★★

解决方案

关键利益相关方	工作现实情况		参与及合作方式	利益相关方参与及合作策略
地方政府	**标准化流程**		● 资质证书及相关许可证材料审核	● 依法审核资质证书及相关许可证材料 ● 统一分包商队伍准入条件
	进度受阻	● 分包商资质证书及相关许可证材料不充分	● 专程拜访、工作汇报	● 帮助分包商查找相关材料缺陷，及时补充
		● 分包商资质证书及相关许可证材料审查时间过长	● 专程拜访、多方会谈	● 从分包商角度出发，帮助分包商创造与政府对话机会，加快审查进度，获得平等竞争机会
分包商	**标准化流程**		● 资质证书及相关许可证材料提交、定期会议、多方会谈	● 严格履行资质证书及相关许可证审核程序，及时提交相关材料 ● 全过程加强施工人员安全管理，及时了解施工人员诉求及工作状态
	进度受阻	● 资质证书及相关许可证材料不达标	● 专程拜访、多方会谈	● 及时与供电企业、政府联系，明晰当前提交材料不合规事项，并及时整改补充，避免丢失竞争机会
		● 施工期间安全管理松散，安全风险较大	● 走访调研、多方会谈、联合行动	● 进行定期与不定期相结合的分包商安全检查，对安全隐患进行督促整改，情况严重者停工整顿，倡导分包商"守合同、讲诚信"的良好氛围 ● 与分包商、施工人员形成联合工作组，在充分了解施工人员安全诉求的基础上，针对当前施工问题进行有针对性的培训
		● 出现人身伤亡事件，与施工人员产生利益纠纷	● 多方会谈、联合行动	● 与分包商形成联合工作组，对伤亡人员及家属进行专程走访，了解其需求，并按照国家赔偿标准进行合理赔偿

续表

关键利益相关方		工作现实情况	参与及合作方式	利益相关方参与及合作策略
施工人员	标准化流程		● 签订劳动合同、遵守安全作业规章制度	● 审查分包商施工人员工伤保险情况 ● 进行施工人员施工前安全培训 ● 严格按照施工标准进行安全施工，保障自身人身安全及工程质量和进度
	进度受阻	● 分包商未按规定缴纳工伤保险，拒不签订劳动合同	● 走访调研、多方会谈	● 及时了解施工人员诉求，督促分包商按规定缴纳工伤保险 ● 对不达标的分包商纳入承包商"黑名单"
		● 安全培训力度不到位，安全意识淡薄	● 走访调研、多方会谈、联合行动	● 将分包商施工人员安全管理纳入安全管理体系，进行施工前安全培训 ● 与分包商成立联合工作组，有针对性地提升施工人员安全意识
		● 对于已有安全施工标准不严格实施	● 多方会谈	● 督促分包商对施工人员进行安全施工标准教育
		● 施工技术不到位，发生人身伤亡事故，发生赔偿纠纷	● 多方会谈、调研走访、联合行动	● 加强全过程安全管理，与分包商联合进行安全生产及技能提升培训 ● 与分包商成立联合工作组，共同商讨、处理人身伤亡赔偿纠纷 ● 走访伤亡人员及家属，了解实际状况和诉求，宣传国家伤亡事故赔偿标准 ● 召开多方会议，共同研究赔偿事宜 ● 对于多次协商不下，并影响工程进度和质量的纠纷事件寻求法律途径解决

效果评估

效果评估阶段，通过问卷调查、走访调研、专程拜访等方式收集利益相关方的意见，并从内、外部维度进行评价，评价结果及时反馈到内部相关部门，及时进行工作改进，做到利益相关方参与及合作闭环管理。

内部维度
● 输变电工程分包商管理是否安全有序推进。
● 输变电工程分包商管理中利益相关方参与及合作是否对工作有促进作用。
● 输变电工程分包商管理中碰到的问题是否有效解决。

外部维度
● 输变电工程分包商管理机制是否有效、可复制。
● 施工人员是否取得合理报酬，对于涉及自身的安全事故问题是否得到有效解决。

案例

国网上海电力
联合构建分包商"大众点评"管理模式

背景分析

上海市正处于电网从高速建设转变为高质量建设的转型期。作为用工单位的国网上海电力，为从实质上保障施工安全和质量，维护社会稳定，经过调研，发现农民工对工程结束后拿到足额工资的诉求迫切、农民工安全意识及技能水平参差不齐、施工团队不稳定、农民工流动性大等因素影响着整个电网的安全可靠和供电企业的品牌形象。为保障农民工的基本权益，国网上海电力积极探索利益相关方参与及合作模式，充分发挥施工企业的监督协调作用，与农民工自身需求相结合，形成双向互动，多方共赢的管控模式，共同加强分包商管理。

关键利益相关方

> 分包商
> 施工企业
> 农民工

解决方案

调研先行 识别需求	需求为先 保障权益	以人为本 针对培养	丰富生活 稳定队伍
○ 通过对以往经验和新趋势的总结，从以往只对农民工调研升级为制作针对农民工、分包商、施工企业三方的问卷调查，对基础建设中分包商管理和农民工需求存在的普遍问题和行业类别问题等进行梳理，形成三方共有的评价体系。	○ 要求分包商管理者签订承诺书，保障在收到工程结算款后既定日期内足额发放农民工薪资，若分包商没有按照承诺书要求给予农民工薪资发放，或薪资发放存在问题的，将永久加入企业施工"黑名单"。	○ 制订培训计划，扩大培训范围，与相关培训机构进行合作，提升安全及技能水平。 ○ 组织学习管理制度、道德规范，连接成熟的载体或平台，提升职业道德和文明素质。	○ 根据实际需求推动施工企业改善工作环境，改变农民工对安全生产的认识。 ○ 联合开展形式多样的业余文化活动，提升农民工综合素质和归属感。 ○ 研发施工作业管控系统，加入分包商队伍评价、农民工信息等功能，进行全方位监督、评价。

特色举措

完善分包商负责人联合与管理，保障农民工权益

- 编制完成《分包商队伍管理办法》，要求分包商签订承诺书，提升其参与程度。

整合优势资源，保障举措落地

- 联合劳动监察部门共同行动，监督国网上海电力所有相关分包商队伍，令其签署承诺书。
- 邀请各个专业专家进行有计划的培训。

借助互联网，搭建双向评价平台

- 搭建包括分包商评价、施工单位评价及农民工评价的平台，任意一方可根据实际工作中的问题对另外两方进行评价，开展双向互动，如分包商在线选择农民工，施工单位在线选择分包商，也可逆向选择，如农民工选择合适的分包商，分包商竞标施工单位项目等。

参与及合作成效

实现利益相关方共赢

- 农民工权益得到保障、职业技能得到提升，获得了更好的职业发展前景，同时能够更好地融入上海的工作生活中。
- 分包商培养出了技术能力强的农民工队伍，施工实力得到了加强。
- 劳动监察部门深入了解农民工的具体诉求和与分包商直接的内在关系，方便日后更好地进行监管工作。
- 社会福利保障部门及保险公司在获得既定利益的同时，可以更深入了解农民工的潜在需求。
- 国网上海电力提升自身对分包队伍的管控能力，提升在社会上的形象，显著提高企业内部管理的科学性。

各个基础项目流程标准化

- 针对农民工利益的妥善保障，不仅解决了他们在实际工作中害怕并可能遇到的风险，同时让他们的技能水平得到了提高，有效保障国网上海电力在各个项目流程上的标准化。

评价及改进

通过联合构建分包商管理模式，实现了分包商的"大众点评"，清楚地了解了农民工的潜在需求，并予以有效解决，促进了各利益相关方的合作共赢，为模式推广至供电企业其他基建项目和供电企业之外的其他基建行业提供了良好的范例。

目前分包商管理系统建立在国网上海电力的内部应用平台，可以适当扩大平台覆盖范围，提供平台在线学习和积分通道，让农民工可以实时查询需要学习的内容，进行随时随地的在线指导，打破地域和时间限制，延伸培训广度。

电网运行中的利益相关方参与及合作

重要活动保电

背景分析

重要活动保电是供电企业的一项日常工作职责，同时也是一项重要的政治任务，涉及政府相关部门、重要保电客户、社会公众、媒体等多个利益相关方。当前，个别活动场所电力设备老旧、运行机制不畅，不能满足重要活动的需求，而保电任务通常整改时间短、任务要求高，供电企业面临着较大压力。

利益相关方参与及合作目标

- 万无一失，不发生停电事故，顺利完成保电目标。
- 设备零故障、客户零闪动、工作零差错、服务零投诉。

关键利益相关方识别

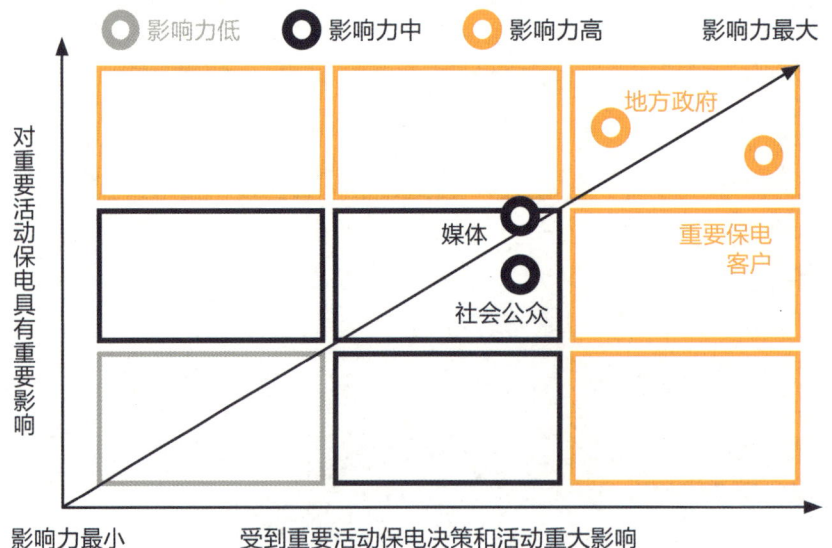

注：　重要保电客户包括学校、医院、酒店、大型会议中心等，涉及较多，在此不一一列举。

关键利益相关方分析

关键利益相关方	诉求及期望	对议题的影响方式	影响力
地方政府	● 顺利完成重要活动及用电高峰期保电任务，不发生任何闪动、停电事故 ● 防止外力破坏	● 官方表彰或批评 ● 保电信息提供与否	影响力星级 ★★★★★
重要保电客户	● 不在重要活动及用电高峰期发生停电事故 ● 重要活动或用电高峰期期间有完善的应急预案及人力、物力保障 ● 重要活动或用电高峰期期间发生停电事件能够快速复电，并及时告知停电原因	● 保电期间人力、物力支持	影响力星级 ★★★★★
社会公众	● 不因为重要活动的举办影响正常的生活 ● 获得更可靠的供电保障服务	● 服务投诉渠道畅通	影响力星级 ★★★
媒体	● 重要活动形成具有影响力、传播力的新闻内容	● 挖掘重要活动保电素材	影响力星级 ★★★★

解决方案

关键利益相关方	工作现实情况		参与及合作方式	利益相关方参与及合作策略
	标准化流程		● 定期协商、专程拜访	● 提前了解保电地点及需求，提前部署保电工作，保障重要活动及用电高峰期的安全可靠用电
地方政府	**进度受阻**	● 重要保电活动区域线路有问题	● 专程拜访	● 加快配套基础设计升级，减少外部因素对保电工作的不利影响
		● 活动期间出现电力供应不足等问题	● 联合行动	● 与政府建立联动机制，明确各部门职责分工，快速响应 ● 及时启动应急预案，解决突发问题
	标准化流程		● 定期协商、多方会谈、专程拜访	● 成立重要保电活动小组，联合检查线路及设备，合力编制完善应急预案，明确各方分工，保障重要活动及用电高峰期间供电可靠
重要保电客户	**进度受阻**	● 保电前期时间不足，准备不充分	● 定期协商、多方会谈、专程拜访、联合行动	● 与政府及重要保电场所定期沟通全年重要活动，超前部署保电方案，重大活动前进行全面检查
		● 外力破坏导致停电	● 联合行动	● 与保电场所形成联合工作小组，提前梳理外力破坏因素，形成应急预案 ● 必要时增设双电源、发电等装备，加强应急抢修举措保证安全可靠供电

续表

关键利益相关方		工作现实情况	参与及合作方式	利益相关方参与及合作策略
社会公众	标准化流程		● 专程拜访	● 专程拜访重大保电场所涉及的社会公众，告知可能出现的问题及解决问题的途径
	进度受阻	● 保电期间，居民的生活用电出现问题，导致停电	● 全过程沟通	● 及时通知受影响居民，分阶段跟进停电情况（如停电前、停电时、停电后三阶段） ● 保持服务投诉渠道畅通，降低舆情事件的发生
媒体	标准化流程		● 定期沟通，介绍情况主动对接	● 邀请媒体全程参与保电活动，实时发布信息
	进度受阻	● 没有充分评估出保电活动的社会价值	● 联合行动	● 邀请媒体全程参与保电活动，发挥媒体优势，进行广泛社会动员

效果评估

效果评估阶段，通过问卷调查、走访调研、专程拜访等方式收集利益相关方的意见，并从内、外部维度进行评价，评价结果及时反馈到内部相关部门，及时进行工作改进，做到利益相关方参与及合作闭环管理。

内部维度

● 重要活动保电是否顺利进行。
● 重要活动保电工作中利益相关方参与及合作是否对工作有促进作用。
● 重要活动保电中碰到的问题及难点是否有效解决。

外部维度

● 重要活动保电结果是否得到政府及保电场所满意，对供电企业的评价如何。
● 重要活动保电是否有利于供电企业美誉度的提升。

案例

国网杭州供电公司
打造 G20 杭州峰会用户侧电力保障"五心"服务

背景分析

2016 年 9 月在杭州举办 G20 峰会第十一次会议，国网杭州供电公司迎来了有史以来规模最大、标准最高、责任最重的政治性保电任务。但由于峰会各重要用户保电意识相对欠缺、设备状况复杂、电工素质较弱，环西湖周边的电力电缆、开关站等设施出现老化现象，加之，峰会保电涉及的重要用户大多通过用户变电所接入供电，电气运行信息无法与电网进行互联等问题，国网杭州供电公司从保电用户、政府部门、社会公众和媒体等利益相关方角度考虑，促进利益相关方的参与及合作，打造公司尽心、政府放心、用户安心、公众暖心、媒体舒心"五心"级峰会用户侧电力保障服务。

关键利益相关方

> 政府部门
> 保电用户
> 社会公众
> 媒体

解决方案

加强政企合作
出台政策支持

建设坚强用户
"电源点"
符合保电需求

整合用户资源
打造设备信息
"传输带"

- 向政府汇报项目实施重点难点，推动政府出台《重大活动用电设施配置与管理导则》，为项目推进实施建立统一标准体系，并把该体系推广到全部重要保电用户，实现统一的新增电气设备配置，更具可管理性、可操作性。

- 对重要用户保供电有关的开关站、电缆线路进行全面新建、改造，确保用户电源接入点符合保电需求。

- 以保电用户为主体提供场地、设备资料，由国网杭州供电公司提出专业化建议，并对变电所进行标准化改造。在用户和供电企业协同配合下，接入设备运行状态和视频监控系统。

特色举措

引入成本收益分析

- 对各个利益相关方引入成本收益分析，寻找项目推进过程中的主要难点和阻力点，分析利益相关方收益、利益相关方参与及合作程度和可能性。

引入帕累托最优概念点阵

- 在责任界面、费用资金、建设模式等方面寻找利益相关方之间的帕累托相对最优点，打造点阵体系，指导形成电力提升改造和信息系统接入等工作的最佳工作模式。

形成权责分明的分工体系

- 明确以供电企业为发起人和推动人，政府为统筹规划人，保电用户单位为主要配合人，媒体为对外宣传人，社会公众和相关社会机构为支撑力量的分工体系。

参与及合作成效

顺利完成保电任务

- 国网杭州供电公司把保电服务延伸到重要用户"灯头"，实现环西湖区域年故障停电时间不超过 5 分钟，完成"工作零差错、用户零闪动、设备零故障、服务零距离"保电目标。
- 提高了媒体和社会公众对供电公司社会责任形象的认可度、美誉度，形成品牌传播力和影响力。

形成可复制推广保电模式

- 探索出电网—用户责任界面划分、供电公司服务起止点明确，可根植、可推广的保电用户服务模式，为杭州及其他城市后续重大活动保电工作提供了参考。

评价及改进

国网杭州供电公司为 G20 杭州峰会打造用户侧电力保障"五心"服务，搭建统一的利益相关方交流平台，在线下形成不定期交流、重大事项会议等沟通模式，在线上建立峰会保电微信群，打通信息渠道，让政府要求、用户需求、社会公众诉求畅通无阻，共同推进项目实施。

下一步，建议在重大活动保电工作中进一步融合社会责任理念，运用透明理念，全过程跟踪用户用电情况，加强利益相关方参与及合作，提高过程的透明度。

停电管理

背景分析

现代城市的发展让企业和居民对电产生越来越深的依赖，对停电的容忍度也越来越低。为了减少因停电带来的投诉及纠纷，供电企业急需加强计划停电和故障停电管理，但由于用电客户分布广泛、客户接收信息方式不一及信息告知过程中的第三方（如社区物业）配合度不够等因素，需要供电企业加强利益相关方的参与及合作，整合客户、社区物业、媒体等利益相关方资源，共同提升停电管理水平。

利益相关方参与及合作目标

- 进行有序停电管理，避免影响客户正常用电需求，保证电网运行安全。
- 避免影响专用变压器客户生产运营及一般客户正常生活，减少因停电引发的纠纷事件，维护社会稳定。
- 提升社区物业居民服务满意度。
- 帮助媒体获取新闻价值，提升公众关注度。

关键利益相关方识别

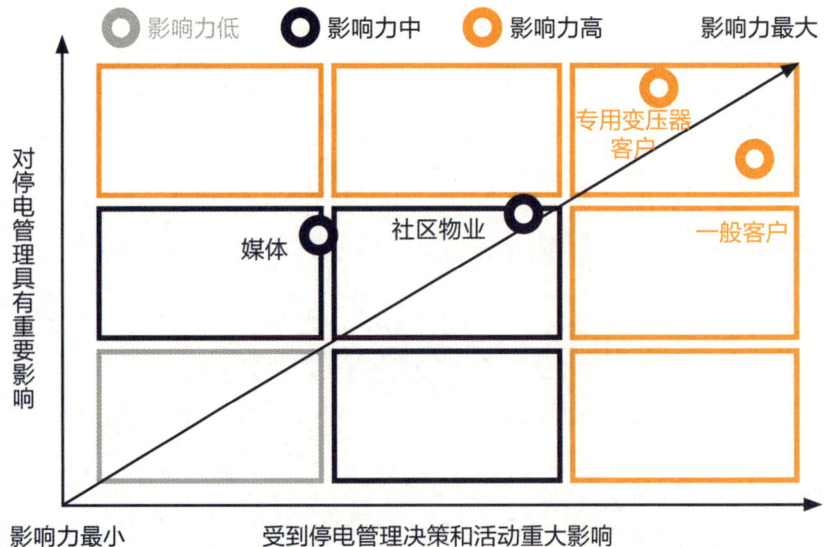

关键利益相关方分析

关键利益相关方	诉求及期望	对议题的影响方式	影响力
专用变压器客户	● 停电时间错开运营高峰期，不影响正常经营 ● 及时告知停复电信息，安排生产经营活动	● 找客户经理投诉 ● 负面舆论引导	影响力星级 ★★★★★
一般客户	● 获知准确的停电信息，避免给生活带来影响	● 拨打 95598 供电服务热线投诉 ● 负面舆论引导	影响力星级 ★★★★★
社区物业	● 获知准确停电信息，及时对小区居民发布公告	● 公告发布与否	影响力星级 ★★★★
媒体	● 获知准确停电信息，安排信息发布	● 信息发布与否	影响力星级 ★★★

解决方案

关键利益相关方	工作现实情况		参与及合作方式	利益相关方参与及合作策略
专用变压器客户	**标准化流程**		● 电话沟通、专程拜访	● 与专用变压器客户沟通停电计划，并一对一告知
	进度受阻	● 专用变压器客户经营需求不能在规定时间停电	● 专程拜访、多方会谈	● 专程走访专用变压器客户，了解实际需求，共同商议对策，在不给专用变压器客户造成经济损失的情况下调整停电方案
一般客户	**标准化流程**		● 信息告知平台公布	● 将制定好的停电方案通过信息公布平台进行线上线下告知
	进度受阻	● 没有接收到信息引起生活不便	● 走访调研、多方会谈	● 联合物业及居民代表一起商讨有效停电信息告知方式 ● 与物业一起进行走访，及时解释停电原因、复电时间、公布渠道等信息，获得理解和支持
		● 居民家中有需要不间断用电照顾病人的情况，不能断电	● 专程走访	● 对此类居民专程走访，了解情况后，在必要停电时间对该居民进行紧急供电

续表

关键利益相关方		工作现实情况	参与及合作方式	利益相关方参与及合作策略
社区物业	**标准化流程**		● 电话告知	● 接到供电企业停电信息后，通过公告张贴和小区微信群推送，告知居民停电信息
	进度受阻	● 小区物业因增加工作量，对停电信息告知工作不配合	● 走访调研、专程拜访	● 对不配合的小区物业及时进行走访调研，讲解停电对于物业满意度的影响，获得理解和支持 ● 联合其他配合的小区物业一起进行联合工作，制定奖励机制
媒体	**标准化流程**		● 电话沟通、信息发送	● 接收供电企业停电信息，并发布
	进度受阻	● 媒体的社会影响度低	● 联合行动	● 联合媒体开展联合行动，扩大媒体影响力

效果评估

效果评估阶段，通过问卷调查、走访调研、专程拜访等方式收集利益相关方的意见，并从内、外部维度进行评价，评价结果及时反馈到内部相关部门，及时进行工作改进，做到利益相关方参与及合作闭环管理。

内部维度

- 有序用电方案制定是否科学合理，停电信息告知是否及时有效，是否发生投诉等影响品牌形象事件。
- 停电管理中利益相关方参与及合作是否对工作有促进作用。
- 停电管理中碰到的问题及难点是否有效解决。

外部维度

- 停电管理的利益相关方参与及合作机制是否有效、可复制。
- 是否获得客户及公众的理解和支持，提升供电企业美誉度。

案例

国网连云港供电公司
"点对点"智能互动优化停电告知业务流程

背景分析

近年来，连云港地区经济社会呈现跨越式发展态势，工业水平提升迅猛，居民生活品质显著提升，对电力的需求量激增，也对电力供应的安全、可靠、高效、智能提出了更高的要求，当前的停电信息告知方式无法满足客户的细分诉求，停电相关问题成为矛盾集中点，使投诉量有所上升。国网连云港供电公司以利益相关方感知为主线，全方位透明沟通，促进多个利益相关方的参与及合作，切实优化停电告知业务流程，实现各方共赢。

关键利益相关方

> 政府
> 客户
> 物业
> 伙伴
> 媒体

解决方案

利益相关方诉求分析 —— **基础平台搭建** —— **业务流程改进**

- 采用国家电网利益相关方识别的六个问题系统识别停电告知工作的利益相关方，并通过细分客户类别，了解利益相关方诉求、当前工作现状及不足。

- 依托于"供电智能服务区"试点的实施建设，及公安、通信运营商的合作，系统收集、核实客户信息。
- 与移动公司合作开发短信平台，提高信息推送效率，收集客户反馈意见和建议。

- 针对收集整理的利益相关方诉求，将业务流程分为停电前、停电中、送电后三个阶段，按类别建立相应的沟通体系，充分整合物业、媒体等利益相关方优势资源，选择有效的停电信息告知方式。

特色举措

形成"三步感知"工作法

○ 通过利益感知、流程感知、绩效感知，全面开展"点对点"智能互动优化停电信息告知工作，通过利益相关方诉求分析、参与及合作平台搭建、内外部绩效评估三个维度充分整合利益相关方优势资源，系统提升停电信息告知的有效性、及时性、准确性。

内外部评估相结合

○ 通过 95598 投诉率、负面舆情发生率、法律诉讼发生率中停电问题占比等内部绩效指标及对试点区域内部分客户走访调研的意见收集，综合评估该模式下停电信息告知的成效。

参与及合作成效

提升客户用电满意度

○ 2015 年，由停电问题引发的 95598 投诉率、负面舆情发生率、法律诉讼发生率均为 0%，有效促进客户满意度的提升。

有效降低客户经济损失

○ 为客户合理安排自身用电计划提供了依据，最大化减少了客户经济损失和对生产、生活便利的影响，大大降低停电带来的各种风险。

获得良好外部社会效应

○ 提升了利益相关方的用电感受，有力回应各方的外部诉求，增进利益相关方对电力工作的理解和支持，推动利益相关方更全面、更透明、更自主地了解、参与运营、服务全过程。

评价及改进

国网连云港供电公司"点对点"智能互动优化停电告知业务流程项目变计划停电事前告知为基于利益相关方参与及合作的全过程沟通，变被动响应为主动满足，变负面感知为情感认同，切实回应好客户关注信息，形成物业、媒体、客户等多维一体的良好参与及合作氛围。

该项目中，可基于客户信息告知平台，搭建与政府、物业、媒体等利益相关方的合作平台，将前期有序用电方案制定一并纳入，在停电管理全流程中促进利益相关方的参与及合作，实现共赢。

电网检修中的利益相关方参与及合作

防外力破坏

背景分析

政府、社会公众和相关施工人员等利益相关方对电力设施保护的相关法律法规认识不足、电力设施保护意识薄弱、政府相关部门执法力度不够；同时，城市建设的加快，使得城市建设规划频繁调整，原有的电力设施保护区或变电站地址、输电线路走廊和电缆通道与现有规划冲突，导致原有电力设施存在外力破坏的安全隐患。因此，促进各利益相关方参与及合作，建立良好的沟通和协调机制，对防止电力设施遭外力破坏，保障电力设施安全稳定运行有着重要的作用。

利益相关方参与及合作目标

- 维护电网安全稳定运营，减少电力设施破坏事件和人身伤亡事件的发生，与政府及利益相关方建立良好的参与及合作协调机制。
- 确保提供安全稳定的供用电大环境，促进地区经济发展。
- 形成政府、施工单位和社会公众对电力设施保护的正确认识，维护自身生命安全和电力设施安全稳定运行。

关键利益相关方识别

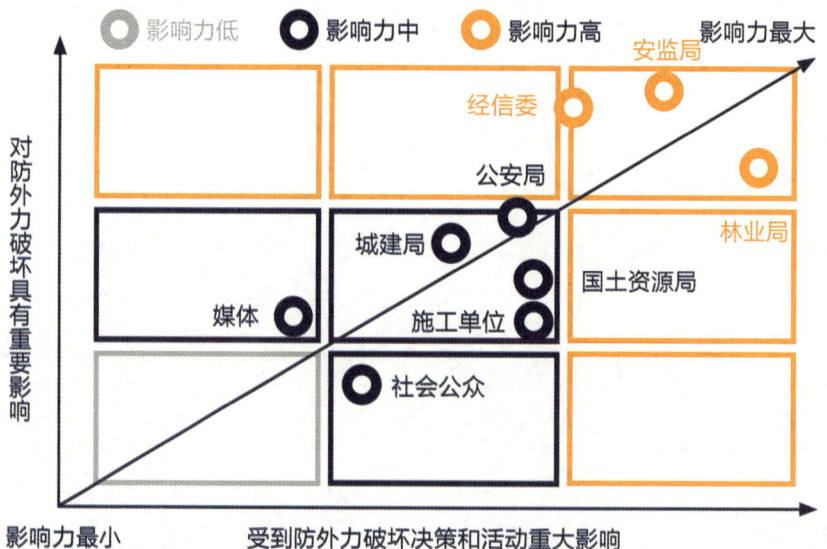

影响力低　　影响力中　　影响力高　　影响力最大

安监局
经信委
公安局
林业局
城建局
国土资源局
媒体
施工单位
社会公众

对防外力破坏具有重要影响

影响力最小　　　　受到防外力破坏决策和活动重大影响

关键利益相关方分析

关键利益相关方	诉求及期望	对议题的影响方式	影响力
经信委	● 安全稳定供用电，促进地方经济发展	● 政策支持与否	影响力星级 ★★★★★
安监局	● 施工现场安全，确保不发生人身伤亡事故	● 安全监督管理职权 ● 协助安全培训和宣传	影响力星级 ★★★★★
城建局	● 完善城市功能，服务社会民生	● 工程监督管理 ● 电网建设用地、线路走廊、电缆通道安排	影响力星级 ★★★★
林业局	● 推动生态环境建设及森林资源保护	● 审批手续	影响力星级 ★★★★★
国土资源局	● 有效保护国土资源、矿产资源，实现可持续开发和利用	● 国土资源开发和利用手续审批 ● 电力设施保护区划分	影响力星级 ★★★★
公安局	● 维护社会稳定	● 强大的执法权和影响力	影响力星级 ★★★★
施工单位	● 确保按期完成施工项目 ● 确保无人员伤亡事故	● 协助电力设施保护宣传	影响力星级 ★★★★
社会公众	● 避免个人利益损失	● 电力设施保护舆论引导	影响力星级 ★★★
媒体	● 挖掘新闻价值	● 正面传播引导电力设施保护	影响力星级 ★★★

解决方案

关键利益相关方	工作现实情况	参与及合作方式	利益相关方参与及合作策略
经信委	**标准化流程**	• 专题汇报、函件往来、座谈会	• 及时报送发现的外力破坏安全隐患和外力破坏电力设施易发、高发区域或重大外力破坏电力设施安全隐患 • 召开座谈会，了解在电力设施保护方面双方的期望，调整和落实电力设施保护相关活动
	进度受阻 • 领导不重视电力设施保护	• 座谈会、专程拜访、专题汇报	• 主动上门拜访相关领导，汇报电力设施保护过程中存在的问题及电力设施保护不足对地方经济发展的危害 • 协调区（县）相关政府部门将电力设施安全保护工作纳入社会管理综合治理责任目标和平安创建活动内容
安监局	**标准化流程**	• 工作汇报、函件往来、安全督查	• 严格做好电力设施保护工作及重点隐患整治进度 • 开展电力设施保护宣传活动
	进度受阻 • 电力设施损坏，造成安全事故	• 定期协商、专程拜访、宣传活动、安全督查、隐患整改	• 联合安监局，定期排查施工项目周围电力设施安全隐患，并及时整改 • 多次开展电力设施保护宣传及法律法规宣传活动，协助开展施工队伍或大型车辆司机的安全培训

关键利益相关方		工作现实情况	参与及合作方式	利益相关方参与及合作策略
城建局	标准化流程		● 电话沟通、材料递交、工作汇报	● 主动沟通和对接城建局相关规划，汇报电力设施保护工作的相关情况，获取支持和理解
	进度受阻	● 电力设施布局与未来城市建设规划冲突	● 沟通协调、高层对话、座谈会、专程拜访	● 联合政府相关部门（规划局、国土资源局等）召开座谈会，根据城市建设规划，合理安排电力设施的布局和建设 ● 主动与城建局沟通，协调电力设施保护区周边工程的建设范围，排除安全隐患
林业局	标准化流程		● 材料提交、工作汇报、函件往来	● 严格做好树障清理对森林资源保护影响的评价工作，提交相关报告表 ● 开展树障清理森林资源保护宣传和赔偿政策宣讲
	进度受阻	● 砍伐面积过大且涉及树木产权所有者清理困难，不予批复砍伐方案	● 定期协商、专程拜访、联合行动	● 充分调研树线矛盾所在地森林资源情况，分析树障清理砍伐树木对周边森林资源的影响 ● 多次召开协调会，了解树木砍伐林业局面对的困难，联合各方解决相关难题
国土资源局	标准化流程		● 工作汇报、电话沟通、专程拜访	● 主动汇报电力设施保护的重要性和存在的难题，获取政策支持，划定电力设施保护区
	进度受阻	● 划定的电力设施保护区与土地利用规划冲突	● 专程拜访、沟通协调、高层对话	● 主动对接国土资源局提前了解电力设施保护区周围的规划、建设情况，提前采取避让、防控措施并积极争取电力设施保护区的划定及周边的安全防控支持

续表

关键利益相关方	工作现实情况	参与及合作方式	利益相关方参与及合作策略
公安局	**标准化流程**	• 专项汇报、电话沟通	• 协调电力行政执法部门、安监部门和司法机关，对违章、违法行为破坏电力设施的肇事单位或个人依法查处或查办
	进度受阻 • 未能引起足够重视	• 专项汇报、联席会议、专程拜访、座谈会	• 与公安机关建立健全电力设施保护联合巡查、保护、宣传机制，将电力要害部位和盗窃破坏电力设施易发、高发区域报送当地公安机关备案 • 根据治安情况，适时商请公安机关组织开展区域性打击整治行动
施工单位	**标准化流程**	• 沟通会、宣传活动、安全培训、隐患排查	• 定期沟通施工单位，进行电力设施保护宣传，并根据《电力设施防护方案》对施工单位相关人员进行现场交底 • 定期排查施工单位附近电力设施安全隐患，确保施工安全
	进度受阻 • 施工单位不主动履行电力设施保护相关规定	• 高层对话、多方协调、专项会议、专程拜访	• 主动沟通施工单位和建设业主单位相关领导，指导施工单位制定详细的《电力设施防护方案》，督促落实现场防控措施和现场施工监护 • 联合相关政府部门（经信委、安监局、国土资源局等）成立督查小队，按照外力破坏隐患现场实际情况和危害程度，对现场组织开展巡查、守护和督查工作
社会公众	**标准化流程**	• 电力设施保护法律、政策及常识宣传	• 宣传维护电力设施安全知识、相关政策法规
	进度受阻 • 部分个人因利益驱使，盗窃和破坏电力设施	• 电力设施保护法律、政策及常识宣传活动、座谈会	• 联合地方政府、居委会（村委会）、公安局等组织座谈会，宣讲电力设施保护相关法律及违法惩处 • 综合利用广播、电视、报刊、网络等媒体，宣传保护电力设施的重要性及盗窃电力设施的违法性

续表

关键利益相关方	工作现实情况	参与及合作方式	利益相关方参与及合作策略
媒体	**标准化流程**	● 电力设施保护宣传	● 实时递送电力设施保护的相关信息，进行电力设施保护法律和常识的正确宣传
	进度受阻 ● 没有正确认识电力设施保护的社会价值	● 联合行动	● 推动与媒体机构成立合作平台，实时进行信息递送，保证信息量和正确性，正确引导舆论 ● 帮助挖掘新闻价值，进行良性合作

效果评估

效果评估阶段，通过问卷调查、走访调研、专程拜访等方式收集利益相关方的意见，并从内、外部维度进行评价，评价结果及时反馈到内部相关部门，及时进行工作改进，做到利益相关方参与及合作闭环管理。

内部维度

● 电力设施外力破坏事件及人身伤亡事件是否减少。
● 电力设施防外力破坏工作中利益相关方参与及合作是否对工作有促进作用。
● 电力设施防外力破坏工作中遇到的问题及难点是否有效解决。

外部维度

● 电力设施防外力破坏是否符合地方经济发展和社会稳定要求，形成利益相关方参与及合作机制是否有效。
● 施工单位是否如期完成工程，因电力设施破坏引发的安全事件是否减少。
● 社会公众对相关法律法规和政策是否有正确认识，是否有主动规避风险行为。
● 媒体传播信息是否有利于供电企业美誉度的提升。

案例

国网河南电力
"3+ 平台"破解特种车辆线下施工安全难题

背景分析

随着城镇化建设规模的不断扩大，特种车辆使用率显著攀升。由于特种车辆司机对电力设施保护意识不强，在操作过程中极易发生破坏电力线路的现象；洛宁辖区的输配电线路因吊车、挖掘机线下违规操作等外力因素，引发过多起电网安全事故；公众对电力设施保护认识不到位，对特种车辆疏于管理，当电力线路遭遇外力破坏时，往往引发社会舆论。供电公司虽经多方努力，但仍收效甚微。传统的电力设施保护工作模式已不能满足社会发展需求，电力设施防外力破坏需要采用新的理念、方式，强化利益相关方的参与及合作。

关键利益相关方

技术监督局 安监局 交警队
特种车辆司机 车主
建筑开发商 媒体

解决方案

充分调研
准确甄别 → 机制
建设 → 源头
管控

- 制定调研表，发现问题根源。
- 甄别利益相关方核心诉求和优势资源，确定各方参与形式。

- 国网河南电力成立领导小组，形成月度通报长效机制，明确职责、任务及时间节点。
- 构建"3+ 平台"，建立利益相关方参与及合作机制。

- 对基建用电客户进行分类，并及时传递给相关管理部门及辖区供电所，各部门根据部门职责对施工单位、特种车辆司机做好安全告知、现场指导及监督工作。
- 通过"3+ 平台"，进行特种车辆司机的电力设施保护宣传和安全培训，提高司机安全意识。

特色举措

内外协作

- 国网河南电力内部各部门充分发挥专业优势，相互协作。
- 整合安监局、建筑开发商、特种车辆司机等不同社会资源，发挥各方优势。

"3+ 平台"构建

- 搭建"智能信息库"共享平台，在为建筑开发商、特种车辆司机等搭建安全、透明务工平台的同时，将大数据信息库与县安监局实现共享。
- 创建"我要安全"交流平台，建立"我要安全——洛宁电力微信群"和"特种车辆涉电安全施工群"，邀请以特种车辆司机为主的相关人员进群，协同安监局定期发布安全注意事项、安全管理通知，并接受问题咨询 。
- 协办"共话安全"沟通平台，组织开展利益相关方"走进电网共话安全"专项沟通活动，协同安监局等政府部门，在线上、线下同步举办特种车辆司机安全教育培训。

参与及合作成效

外力破坏频次减少

- 据 18 家推广实施单位统计：因特种车辆造成的外力破坏频次有效降低，同比下降约 51%。

供电公司内部安全管理能力得以提升

- 供电公司及专业部门摆脱了单兵作战的"自转"模式，内部各专业部室彼此之间的业务流转更紧密，安全管理也更趋精细化。

各方行为认知发生转变

- 通过共同参与安全监督、管理，建立了新的思维、沟通模式，受众更加理解，形成"安全问题，人人有责"的思想。

评价及改进

国网河南电力通过整合公司相关部门、政府相关部门、特种车辆司机、车主、建筑开发商等内外部资源，进行平台化、协同化的聚集、复用，建立内外协作的工作模式，构建"3+ 平台"，为特种车辆线下安全施工难题的解决提供了良好的范例。

未来，该项目的工作模式可在供电企业的电力设施防外力破坏工作中进行推广宣传，并在该项目模式的基础上充分考虑本地因素，提炼总结符合本地实际情况的工作方式。

树线矛盾处理

背景分析

天然林区和城市绿化区域的树木，自然生长的速度过快，严重影响线路安全，大面积砍伐树木与政府各部门的规划和要求冲突；树木产权所有者的青赔要求过高，与国家现行青赔标准相差甚大；周边居民不了解树线矛盾的政策法律，从情感上偏向树木产权所有者等因素，使得树线矛盾很难快速有效地解决。因此，促进各利益相关方参与及合作，共同解决树线矛盾，有助于保障线路安全稳定运行、消除其对周边居民的安全隐患，确保树线矛盾妥善解决。

利益相关方参与及合作目标

- 维护电网安全运营，减少非计划停电，避免树线问题带来的火灾、人员伤亡等。
- 解决树线矛盾方案与政府相关部门规划及要求相协调，与政府建立良好的参与及合作协调机制。
- 保障被砍伐树木产权所有者的合法权益，得到合理赔偿，减少纠纷事件。
- 形成周边居民对树线矛盾中砍伐树木相关政策和职责范围的正确认识，获得理解与支持。

关键利益相关方识别

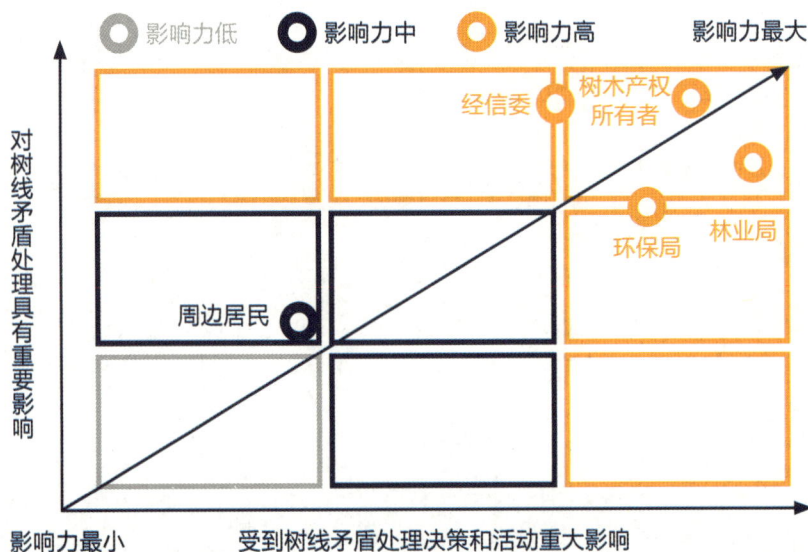

关键利益相关方分析

关键利益相关方	诉求及期望	对议题的影响方式	影响力
经信委	● 促进地方经济发展，维护社会稳定	● 审阅相关材料 ● 沟通协调	影响力星级 ★★★★★
环保局	● 保护自然生态环境，砍伐树木方案符合环保要求 ● 砍伐树木方案与市政环保规划相协调	● 环评手续批复与否	影响力星级 ★★★★★
林业局	● 砍伐树木不影响森林资源的保护发展 ● 砍伐树木符合树木产权所有者期望，减少纠纷	● 砍伐手续批复与否 ● 督办和沟通协调	影响力星级 ★★★★★
树木产权所有者	● 追求自身利益最大化，获得满意的赔偿	● 砍伐树木协议签署与否 ● 负面舆论引导 ● 阻工 ● 信访	影响力星级 ★★★★★
周边居民	● 线路与树木保持安全距离，减少安全事故发生 ● 树木所有者获得合理赔偿，避免社会不稳定因素出现 ● 树木砍伐不影响居住环境	● 传播信息是否有利于政策法规的宣传和认可 ● 负面舆论引导 ● 信访	影响力星级 ★★★

解决方案

关键利益相关方	工作现实情况	参与及合作方式	利益相关方参与及合作策略
经信委	**标准化流程**	• 材料提交、工作汇报、函件往来	• 严格做好树障清理对森林资源保护影响评价工作，提交相关报告表 • 开展树障清理森林资源保护宣传和赔偿政策宣讲
	进度受阻 • 树木产权所有者阻工情况严重，调停力度不够	• 定期协商、专程拜访	• 上门拜访，积极沟通，说明树线矛盾带来的安全隐患 • 召开协调会，加强前期沟通，了解冲突点，合理制定相关方案
环保局	**标准化流程**	• 开展环境评价、工作汇报、函件往来、定期协商	• 严格做好树障清理环境影响评价工作，提交环境影响报告表 • 开展树障清理环境保护宣传
	进度受阻 • 环境影响评价不达标且砍伐方案与市容环境建设不协调	• 定期协商、专程拜访、联合行动	• 充分调研树线矛盾所在地生态与环境质量现状，分析清理树障砍伐树木对周边环境和生态的影响 • 召开环境影响评价协调会，了解不达标事项，并及时调整树障清理方案 • 电网建设规划前期在架线高度、树线间距及栽种树种等具体问题与环保局达成共识，根据电力设施情况协商制定合理的苗木栽种方案
林业局	**标准化流程**	• 工作汇报、函件往来、定期协商	• 严格做好树障清理对森林资源保护影响评价工作，提交相关报告表 • 开展树障清理森林资源保护宣传和赔偿政策宣讲
	进度受阻 • 砍伐树木面积过大及树木产权所有者要求过高，不予批复砍伐方案	• 定期协商、专程拜访、联合行动	• 充分调研树线矛盾所在地森林资源情况，分析树障清理砍伐树木对周边森林资源的影响 • 召开协调会，了解树木砍伐林业局面对的困难，联合各方解决相关难题

续表

关键利益相关方	工作现实情况		参与及合作方式	利益相关方参与及合作策略
树木产权所有者	**标准化流程**		• 宣传、签订协议	• 宣传讲解国家树木砍伐赔偿政策 • 顺利签订树木砍伐赔偿协议或换耕换植协议
	进度受阻	• 赔偿金额不能满足树木产权所有者预期，引起施工受阻	• 走访调研、多方会谈、联合行动	• 推动当地政府、居委会（村委会）等相关部门成立联合指挥部，开展多方会谈，宣传国家树木砍伐赔偿政策，了解树木产权所有者实际需求，争取政策支持 • 联合政府相关部门对恶意滋事树木产权所有者进行教育，缓和矛盾
		• 因多次协商未果引起树木产权所有者信访	• 走访调研、多方会谈、联合行动	• 推动政府相关部门等联合行动，与信访居民进行宣传教育 • 联合政府相关部门，根据树木产权所有者需求，适度调整砍伐方案和经济作物替代方案，缓解矛盾
周边居民	**标准化流程**		• 环保宣传、政策宣传	• 宣传维护电力设施安全、砍伐树木的相关政策、经济作物替代的方案和环保知识
	进度受阻	• 对树木砍伐造成环境问题或社会不稳定等存在误解，引发不满	• 走访调研、环保和政策宣传、多方会谈、联合行动	• 联合环保机构、居委会（村委会）、林业局等组织多方会谈，实时递送树障清理与电力设施安全相关的信息，进行环境保护和树木砍伐政策等正确宣传，争取理解、支持和宣传 • 联合政府相关部门入户走访调研，针对周边居民疑虑耐心解释，争取理解和支持 • 适度调整砍伐方案和经济作物替代方案，避免直接冲突

效果评估

效果评估阶段，通过问卷调查、走访调研、专程拜访等方式收集利益相关方的意见，并从内、外部维度进行评价，评价结果及时反馈到内部相关部门，及时进行工作改进，做到利益相关方参与及合作闭环管理。

内部维度
- 线路是否安全稳定运行，事故停电、火灾及人员伤亡等情况是否减少。
- 树线矛盾解决过程中利益相关方参与及合作是否促进遇到的问题及困难的有效解决。

外部维度
- 树木砍伐方案是否与地方经济社会发展规划和环境保护要求相协调，形成利益相关方参与及合作机制是否有效。
- 树木产权所有者对获得的赔偿是否满意。
- 周边居民对相关法律法规和政策是否有正确认识，对供电企业的评价如何。

案例

国网新罗供电公司
创建"一廊一带"，巧解树线矛盾

背景分析

福建省龙岩市 90% 以上的 10 千伏配电线路都从山间树林、竹林通过，竹木与配电线路之间的安全距离不足给在竹木下作业的林农带来的触电事故和引发的火烧山等事件也在逐年增加，种植毛竹等单一树种会对生态环境带来影响。但林地产权所有者对相关法律法规和政策不了解，对青赔金额不满意，加之供电公司资源和行政执法权的缺失，导致这一区域树线矛盾解决非常困难。

关键利益相关方

> 地方政府
> 林业部门
> 林地产权所有者

解决方案

(报批核准) ── (构建"三方联建"模式) ── (经济作物替代种植)

- 国网新罗供电公司多次走访新罗林业局、江山镇政府、江山镇村美村，共同探讨解决办法，进行砍伐和经济作物替代方案的汇报、办理和审批工作，提出在线路廊道下种植经济作物（简称"一廊一带"）解决树线矛盾的思路。

- 创新提出 10 千伏电力线路走廊经济防火林建设思路，采取"3+N"（对可形成连续长度达到 1 千米以上防护林带的线路廊道，由当地政府、电力部门、林业部门及若干林地产权所有者共同实施）和"2+N"（对无法形成连续长度达到 1 千米防护林带的线路廊道，由当地政府、电力部门及若干林地产权所有者共同实施）建设模式。
- 充分发挥当地政府、林业部门和供电公司三方的优势，弥补短板。林业部门负责苗木资金和种植技术，供电企业提供砍伐林木资金，当地政府负责配合协调。
- 联合当地媒体和政府相关机构，大力宣传替换植被（油茶、杨梅等）的经济优势，获取社会公众支持，并引导林地产权所有者参与建设。

- 经与林地产权所有者协商，联合林业部门，开展受偿林地所有者赔偿协议（经济作物替代）协议工作，并在 10 千伏线路下用油茶、杨梅等经济作物替代毛竹等高秆植物。

特色举措

替代种植

- 用油茶、杨梅等低矮且适应当地环境的经济作物替换毛竹等高秆植物，既有利于维持森林覆盖，又增加了林地产权所有者收入，同时能降低森林火灾风险、生态恶化等环境问题，维护电网安全稳定运行。

资源整合

- 整合各方资源，弥补短板，林业部门负责苗木资金和种植技术，供电公司提供砍伐林木资金，当地政府负责配合协调，并且提供三年的养护，一劳永逸地解决了树线矛盾，避免了重复赔偿的问题。

参与及合作成效

提高线路安全稳定运行水平

- "一廊一带"项目实施后，未发生因安全距离不足导致的故障停电事件。

林地产权所有者对电力设施保护的意识增强

- 通过项目实施，向附近群众开展电力设施保护宣传，提高群众对电力设施保护的认知。

实现各利益相关方共赢

- 既保护了电力设施安全稳定运行，降低森林火灾风险，增加了林农收入，促进当地经济发展。
- 供电公司一劳永逸地解决了每年都要实施的廊道高秆植物的砍伐工作，节约了通道运维人工费和青赔费用。
- 解决了因单一植被带来的生态恶化、水库水位下降等环保问题。

评价及改进

国网新罗供电公司建立了与地方政府、林业部门的"三方联建"新模式，通过与政府和相关部门建立协作机制，大力发展林下经济，共同推进树线矛盾解决，实现了多方共赢发展，给类似地貌特征的南方山区提供了可借鉴的范例。

未来，供电公司可加强与政府相关部门和林地产权所有者的沟通，建立长效的合作机制，促进经济带的后续维护和发展，确保林地产权所有者的收益。

应急抢修

背景分析

应急抢修往往涉及与各级政府、水务局、气象局、电信运营商、学校、社区、居民及媒体等多个利益相关方的利益协调、相互支持与协作。但是，在供电企业应急抢修过程中政府各部门配合和支持力度不够，供电企业非专业电力应急资源缺失，客户和社会公众对责任边界认识不清晰等问题影响应急抢修工作的顺利开展。因此，促进利益相关方参与及合作，建立信息互通、多方联动的应急救援体系，对缩短应急抢修时间、快速复电有着重大的意义。

利益相关方参与及合作目标

- 快速复电，缩短大面积停电时间，减少因突发事件造成的损失。
- 与政府建立良好的参与及合作协调机制，确保安全稳定供电，提高供电服务水平和社会满意度。

关键利益相关方识别

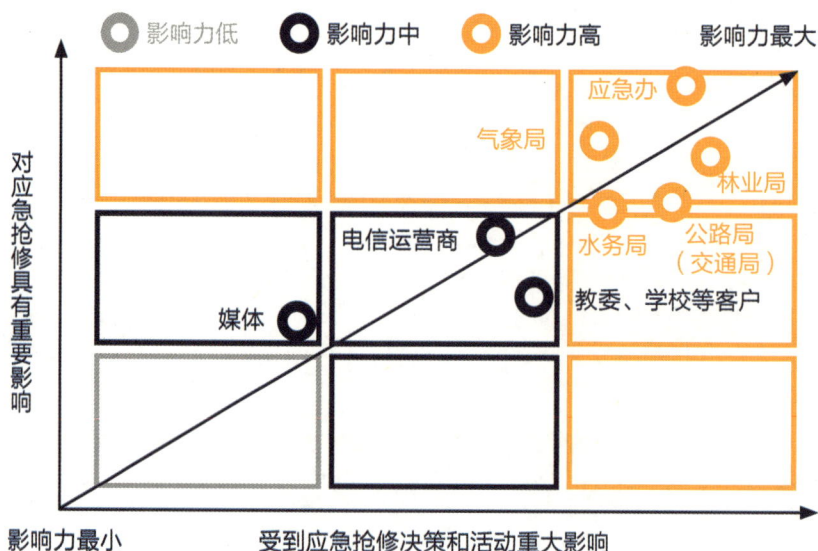

影响力低　影响力中　影响力高　影响力最大

对应急抢修具有重要影响

应急办
气象局
林业局
电信运营商
水务局
公路局（交通局）
媒体
教委、学校等客户

影响力最小　受到应急抢修决策和活动重大影响

关键利益相关方分析

关键利益相关方	诉求及期望	对议题的影响方式	影响力
应急办	● 供电企业能够积极配合政府工作，做好电力要素保障，最大限度地减少突发事件造成的损失和影响	● 提供最新动态信息 ● 提供资源支持	影响力星级 ★★★★★
气象局	● 快速复电，减少突发事件损失	● 实时发布天气情况	影响力星级 ★★★★★
水务局	● 抢修设备正常供电，确保抢修工作顺利进行	● 提供专业设备和技能 ● 排除电力设备积水	影响力星级 ★★★★★
公路局（交通局）	● 确保交通指示灯正常供电，维护交通正常	● 提供专业技术和设备 ● 及时修复受损路段	影响力星级 ★★★★★
电信运营商	● 快速恢复供电，保障通信正常	● 提供网络通信	影响力星级 ★★★★
林业局	● 解决树线矛盾等同时不影响植被覆盖率	● 审批手续 ● 沟通协调	影响力星级 ★★★★★
教委、学校等客户	● 快速复电，减少损失和影响 ● 灾害事故和电力安全案例宣讲及安全知识提升	● 开展宣传培训 ● 沟通协调	影响力星级 ★★★★
媒体	● 挖掘新闻价值	● 宣传相关知识	影响力星级 ★★★

解决方案

关键利益相关方	工作现实情况		参与及合作方式	利益相关方参与及合作策略
应急办	**标准化流程**		● 报告汇报、电话沟通、应急演练	● 及时传递突发事件相关信息，获取政府支持 ● 联合政府开展应急演练，做好应急预案相关准备工作
		● 应急抢修流程复杂	● 座谈会、走访、电话沟通	● 加强沟通交流，促进政府部门精简应急抢修流程，确保应急抢修及时
	进度受阻	● 缺乏联动机制	● 座谈会、协调会、联席会议	● 积极推动政府成立政府主导、各方参与的突发事件应急领导小组等专门、专项小组，协同开展突发事件处置工作 ● 走访各级政府，力求应急预案与政府相关应急预案的协调一致性 ● 积极参与政府组织的应急演练，增强协同反应能力
气象局	**标准化流程**		● 信息报送	● 及时与气象局取得联系，气象局及时发布动态天气情况
	进度受阻	● 天气变化无常，超出预判	● 专程拜访、电话沟通、信息报送	● 加强沟通，联合政府，成立应急救援小组和信息共享平台，通过气象局发布实时天气情况，提前应对，避免继发灾害地带
水务局	**标准化流程**		● 沟通汇报	● 宣传讲解国家征地、拆迁赔偿政策 ● 顺利签订征地赔偿协议
	进度受阻	● 专业设备和人员不能及时到位	● 座谈会、专程拜访、电话沟通	● 主动上门拜访，汇报突发事件相关情况，争取专业设备和人员及时到位 ● 建立信息推送机制，及时向水务局递送突发事件应急抢修进展及需要的支持
公路局（交通局）	**标准化流程**		● 电话沟通、信息报送	● 密切关注居民想法，电网规划选址时整合周边居民需求 ● 宣传变电站建设、噪声、电磁辐射等环保知识
	进度受阻	● 信息传递不及时，交通混乱，抢修人员不能有序进场	● 座谈会、上门拜访、电话沟通、信息报送	● 建立信息推送机制，及时向公路局（交通局）递送突发事件应急抢修进展及需要的支持 ● 及时沟通交通部门，说明应急抢修的总体规划和所经过的路段，确保交通畅通
电信运营商	**标准化流程**		● 电话沟通、信息传递	● 联合环保机构、居委会（村委会）等多次组织多方会谈，公开电网建设相关数据信息，科普变电站建设、噪声及电磁辐射知识 ● 入户走访调研，针对居民疑虑耐心解释
	进度受阻	● 通信中断，信息不能及时传达	● 上门沟通协调	● 加强沟通和交流，启动应急预案，在政府统一领导下开展突发事件应对工作，并尽快恢复通信网络，确保通信正常

续表

关键利益相关方		工作现实情况	参与及合作方式	利益相关方参与及合作策略
林业局	标准化流程		● 材料提交、工作汇报、函件往来	● 严格做好树障清理对森林资源保护影响评价工作，提交相关报告表 ● 开展树障清理森林资源保护宣传和赔偿政策宣讲
	进度受阻	● 砍伐面积过大、涉及树木产权所有者清理困难，不予批复砍伐方案	● 定期协商、专程拜访、联合行动	● 推动与媒体机构成立合作平台，实时进行信息递送，保证信息量和正确性，规范舆论导向 ● 帮助寻找新闻点，进行良性合作
		● 赔偿达不到树木所有者期望值，导致信访	● 入户调研、座谈会	● 组织相关部门，沟通协调实施解决树线矛盾，确保不发生信访事件
教委、学校等客户	标准化流程		● 发放调查问卷、走访、电话回访	● 积极主动沟通，提供相关案例以备安全用电宣传
	进度受阻	● 不了解设备产权分界，导致投诉	● 上门拜访、沟通会、协调会	● 主动沟通，加强宣传，获取理解和支持
媒体	标准化流程		● 电力设施保护宣传	● 实时递送应急抢修的相关信息，进行电力设施保护宣传
	进度受阻	● 披露负面信息	● 联合行动	● 推动与媒体机构成立合作平台，实时进行信息递送，保证信息量和正确性，规范舆论导向 ● 帮助寻找新闻点，进行良性合作

效果评估

效果评估阶段，通过问卷调查、走访调研、专程拜访等方式收集利益相关方的意见，并从内、外部维度进行评价，评价结果及时反馈到内部相关部门，及时进行工作改进，做到利益相关方参与及合作闭环管理。

内部维度

● 复电时间是否缩短，客户、政府和社会公众满意度是否提升。
● 应急抢修工作中利益相关方参与及合作是否对工作有促进作用。
● 应急抢修工作中遇到的问题和难点是否有效解决。

外部维度

● 复电时间是否缩短，突发事件造成的影响和损失是否减少。
● 客户和社会公众对应急抢修的相关责任边界是否有正确认识。
● 媒体传播信息是否有利于供电企业美誉度的提升。

案例

国网房山供电公司
建设自然灾害应急合作体系，让"应急"不再"干着急"

背景分析

由于自然灾害本身具有一定的综合性、扩散性，供电公司本身非电力专业应急资源缺失、经验不足，且交通、园林、电信等横向应急救援体系"各自为政"，大客户和居民不了解恢复设备产权分界和流程，对复电抢修进展不理解、不支持，给供电公司应急抢修、快速复电带来了极大的挑战。

关键利益相关方

水务局　气象局

交通局　林业局　电信运营商

社区　物业　电工

教委　学校　客户

解决方案

构建联动机制 —— 搭建"三条线" —— 实施抢修

- 建立内部联动的三级灾害预警抢修机制，组建专业抢修队伍，明确分工和职责。
- 联合应急办、电力办和各乡镇政府，设置保障指挥中心联合党总支部，联合开展应急救援工作。
- 由政府协调供电企业与水务、公路、电信运营商等部门和单位签订合作备忘录，各方按照抢修和协作要求发挥专业优势、开展联合工作。

- 三条线之让政府牵头。2017年国网房山供电公司联合应急办、电力办，设置保障指挥中心联合党总支部。国网房山供电公司生产部门和供电所联合各乡镇政府，在分部密集的片区组建保障联合党支部，联合开展应急救援工作。实施"区域化"管理、"组团式"服务，形成应急救援全天候，多方协同保供电的长效机制。
- 三条线之让信息互通。推动政府进一步完善信息平台，实现灾害天气事故现场的气象、消防、地理信息共享，同时推动综合演练、预警信息等日常沟通机制。
- 三条线之让合作变现。由政府协调供电企业与水务、公路等政府部门及电信运营商等签订合作备忘录，各方按照抢修和协作要求发挥专业优势、开展联合工作。

- 根据气象局、交通局、水务局等提供的相关信息和资源，供电公司联合相关政府部门出动专业抢修队伍，实行现场抢修。

特色举措

一份协议

- 政府主导，供电企业与气象、水务、交通、园林等政府部门及电信运营商等签订合作备忘录。

"三条线"并行

- 搭建政府沟通桥梁，确保各项工作政府牵头。
- 构建信息互通平台，确保信息传递及时准确。
- 签署合作协议，确保多方携手，共同解决应急抢修问题。

形成权责分明的分工体系

- 明确以供电企业为发起人和推动人，政府为统筹规划人，保电用户单位为主要配合人，媒体为对外宣传人，社会公众和相关社会机构为支撑力量的分工体系。

参与及合作成效

建立起高效协同的自然灾害全社会应急模式

- 依托信息共享进行多方协作，形成高效协同的全社会应急救援体系，保障灾害后地方各项公共设施和服务及时恢复。同时，为其他地方开展自然灾害社会应急体系建设提供借鉴。

实现资源共享

- 在联合应急体系下多方合作，有效地整合各方现有的资源，发挥各专业技术和设备优势，供电公司减少了非电力专业抢险设备的采购与投入。运营商、大客户避免了灾害发生时不必要的损失，有效提升了资源利用效率。

缩短应急抢修时间

- 在协调运作机制的作用下，各方积极联动，提升抢修速度。2017 年较 2016 年灾害复电时间由 36 小时下降到 10 小时；应急救援到达现场时间缩短约 1 小时。

评价及改进

国网房山供电公司推动政府建立信息平台，联合水务、电、通信、气象、交通、园林等利益相关方共同行动，实现信息互通、资源整合和多方联动，快速有效地开展自然灾害应急救援工作，形成协同高效的应急救援模式，保障灾害发生后各项公共设施和服务及时恢复。

未来，国网房山供电公司将继续完善应急体系建设工作，在政府主导下，推动各方参与，提升卫生、医疗等单位的参与性；编制《电力应急自救手册》，为其他单位提供借鉴。

供电服务中的利益相关方参与及合作

业扩报装

背景分析

随着地区经济的发展和重大项目的落地，业扩报装的需求也日益迫切。但近年来不少地方的业扩报装效率跟不上客户的用电需求。一方面，业扩报装全流程专业性强，客户对流程"摸不着头脑"，建设速度和质量也得不到保证；另一方面，办电过程涉及的第三方供应商沟通不畅，出现问题没有明确的解决主体，返工率高，工程效率较低。

利益相关方参与及合作目标

- 业扩报装全流程清晰明了，不断优化提速。
- 在报装过程中有各方参与的沟通平台，提高沟通效率。

关键利益相关方识别

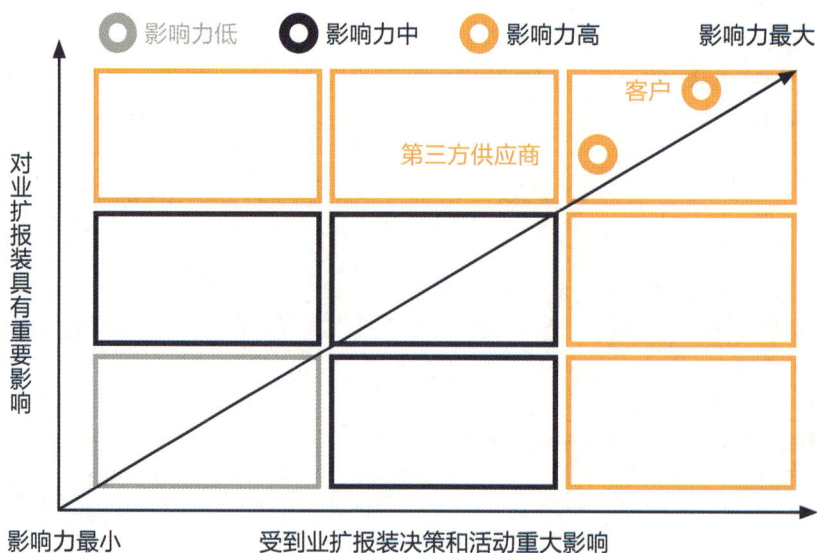

影响力低　　影响力中　　影响力高　　影响力最大

客户

第三方供应商

对业扩报装具有重要影响

影响力最小　　受到业扩报装决策和活动重大影响

关键利益相关方分析

关键利益相关方	诉求及期望		对议题的影响方式	影响力
客户	● 前期清晰了解业扩报装申请流程，减少跑腿次数，方案顺利得到批复 ● 施工阶段找到合适的第三方供应商，沟通顺畅 ● 通过验收通电后，配电设施不良问题有解决渠道		● 进度停滞／拖延 ● 投诉	影响力星级 ★★★★★
第三方供应商	● 各方责任界限清晰、沟通顺畅，返工率降低		● 进度停滞／拖延	影响力星级 ★★★★★

解决方案

关键利益相关方	工作现实情况		参与及合作方式	利益相关方参与及合作策略
客户	标准化流程		● 日常沟通	● 咨询业扩报装事宜—提交供电方案—答复供电方案（供电企业）—设计图纸送审—审图完毕开始施工—采购设备—土建—安装施工—中间检查（供电企业）—施工报验—竣工检查（供电企业）—顺利通电—运维服务（供电企业和第三方供应商）
	进度受阻	● 不了解申请流程导致来回跑腿	● 走访调研、专程拜访	● 编制业扩报装全流程跟踪时间表，列明每个环节的时间节点，将供电企业、客户和第三方供应商的进度节点列明，让客户清楚了解每个阶段要完成的事宜
		● 选择了不合适的第三方供应商	● 联合行动	● 成立项目组进行市场调研，汇总业扩报装项目涉及的第三方供应商信息，为客户提供菜单式的选择
		● 客户用电环节出现问题	● 专程拜访	● 推动各方签订承诺书，对通电后相关的问题界定责任，做到出现问题有解决主体
第三方供应商	标准化流程		● 现场勘查	● 设备采购—开始土建—接受检查—完成安装—通过验收
	进度受阻	● 各方沟通不畅，责任不明确	● 联合行动	● 利用进度备忘录的形式，在每个时间节点明确不同的第三方供应商需完成的任务 ● 搭建沟通平台，邀请客户、供电企业和业扩报装第三方供应商加入平台，为各方创造对话交流的机会

效果评估

效果评估阶段，通过问卷调查、走访调研、专程拜访等方式收集利益相关方的意见，并从内、外部维度进行评价，评价结果及时反馈到内部相关部门，及时进行工作改进，做到利益相关方参与及合作闭环管理。

内部维度
● 办电时间是否下降。
● 业扩报装办理数量是否增加。
● 业扩报装全流程可控性是否提升。

外部维度
● 客户投诉率是否下降。
● 客户满意度是否提升。
● 模式是否在各层级得到广泛推广。
● 各沟通渠道（实体营业厅、电子平台）是否搭建完成。

案例

国网浙江电力
"阳光 N 次方" 2.0，打造办电生态圈价值创造共同体

背景分析

浙江经济活跃，重大项目多，业扩报装业务多，但业扩报装效率却受制于外部环节，业务耗时长。2014 年，国网萧山供电公司高压项目业扩报装业务的平均完成时长为 102 天。究其原因，主要由于客户在办理时对需自己协调的环节非常迷茫，不知道如何选择适合自己的设备，如何找最理想的施工单位，什么时间开工建设等；此外设计方和施工方普遍反映互相间沟通存在问题，因为缺少与土建方的沟通，业扩设计方返工率达到了 30% 以上，直接导致了下一环节乃至以后的环节受阻。

关键利益相关方

> **客户**
> **第三方供应商**

解决方案

树立 责任边界 理念	树立 透明运营、 合作共赢 理念	树立 可持续 发展理念

- 厘清业扩报装过程的责任边界，解决客户以往由于不明确各环节责任边界导致的业扩报装过程拖沓问题，推动各利益相关方的责任各归其位。

- 为客户、设计方、施工方、土建、安装商等提供专业方案指导建议。
- 通过利益相关方的沟通，促进业扩报装各环节实现无缝对接，大幅度提升业扩报装效率。

- 为客户提供业扩报装各环节报价指导，实现供电企业从价值链单个环节参与者到价值链整合者的转变，推动业扩报装效率提升与社会价值创造，引导利益相关方追求多元化的共赢，完善了可持续发展的业扩报装自组织生态系统。

特色举措

"阳光 1 次方" 1.0：线下跟踪计划 + 线上跟踪平台

○ 线下：编制"阳光全程跟踪计划书"，提供标准化备忘录，确定业扩报装 9 个环节的所有时间节点、任务内容。

○ 线上：开发"阳光智能管控平台"，实现业扩报装 9 个环节全部上线，实现了业扩报装信息的全面可监测、可追踪、可管控。

"阳光 1 次方" 2.0：推出"通电后联盟承诺书"

○ 用售后联盟签字承诺方式为各利益相关方厘清了业扩工程后端的责任边界。

"阳光 2 次方" 1.0："阳光 365 体验室"

○ 硬件：配备了展示区、驻点办公区、洽谈区和讨论区等功能区。

○ 软件：配备了业务主管、常驻客户接待人员、专业人员，为所有利益相关方提供服务支持。

"阳光 2 次方" 2.0：打造电能替代"大数据"交互平台

○ 挖掘潜在业扩报装客户，通过多渠道与各利益相关方共享信息。

"阳光 3 次方" 1.0："公平秤"推动业扩报装生态系统多方共赢

○ 为客户自主负责的环节提供价格咨询，打破"黑箱子"潜规则，推动业扩报装效率提升与社会价值创造。

"阳光 3 次方" 2.0：创新"电管家"系统

○ 引入电商售后评价模式，提供所有业扩报装利益相关方的量化评价，绘制清晰的"利益相关方画像"。

参与及合作成效

解决业扩报装效率低下问题

○ 业扩报装时间大大缩短，截至 2017 年 11 月，浙江省内业扩报装项目在途流程耗时较项目启动前缩短 24.2%。

创造多元化的内外增量价值

○ 供电企业履行社会责任意识深入员工心中，供电企业优质服务的品牌形象得到传播。

○ 业扩报装效率的提升，为推动地方重大基础工程和招商引资工程等，提供充足的电力能源保障。

促进多主体的变化改进

○ 供电公司实现了工作方式的转变，成为了整体问题解决者、方案提出者。

○ 应用了互联网和大数据平台等新型平台，创造了新的利益相关方"云合作"的格局。

评价及改进

"阳光 N 次方"是国网浙江电力一次"由内而外"的思维转变，通过业扩报装的服务提升，供电企业参与到了涉电工作的全流程，不再只做单一服务提供商，而是利用平台思维，通过利益相关方合作共建了生态圈，实现了真正意义上的多方共赢。

未来，在深化业扩报装的工作中，供电企业可以纳入更多利益相关方参与，如积极对接政府的公共服务平台，根据地方招商引资的情况进行用电规模和用电性质等问题的预判，将服务前置；同时，从个案中提炼可复制、可推广的业扩报装模式，在国家电网有限公司系统内进行更广泛推行。

老旧（弃管）小区改造

背景分析

老旧（弃管）小区的供电问题由来已久。由于运行管理的缺位，老旧（弃管）小区出现故障停电无人处理，严重影响居民正常用电。虽然国家相关电力法规对住宅小区电力设备资产的产权有明确的规定，业主还是会将责任归咎于供电企业，引发用电纠纷。作为负责任的央企，供电企业第一时间帮助产权方进行故障处理，却也因此背负巨大的运维负担。供配电设施建设运维管理中各主体的责任、权利不平等，很难形成有效的协作，导致设备故障频发的问题得不到彻底解决。

利益相关方参与及合作目标

- 有效解决老旧（弃管）小区电力设备故障造成的停电问题，保障电网运行安全。
- 得到政府的支持，与政府建立良好的协作机制，由政府主导完成改造资金落实及改造工程推进。
- 老旧（弃管）小区电力设施改造资金落实到位。
- 获得老旧（弃管）小区居民及公众的理解和支持，提高客户满意度。

关键利益相关方识别

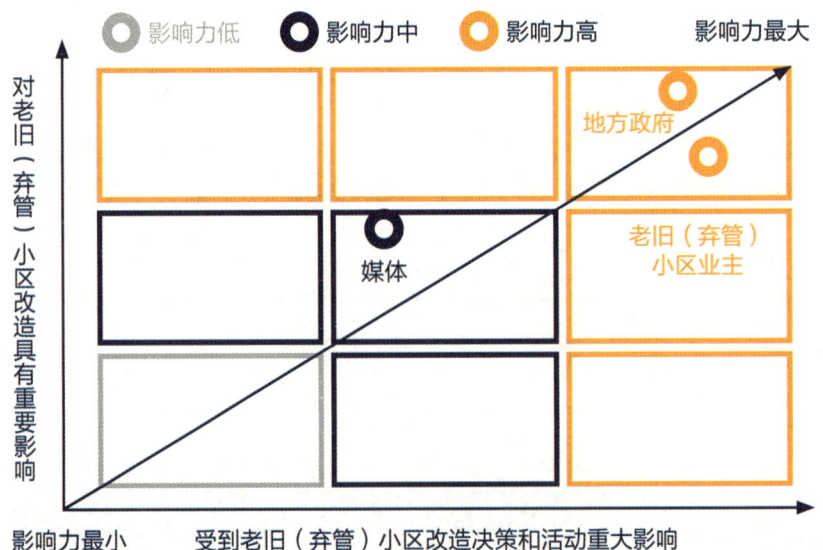

关键利益相关方分析

关键利益相关方	诉求及期望	对议题的影响方式	影响力
老旧（弃管）小区业主	● 解决老旧（弃管）小区供电问题 ● 减少或避免出资 ● 减少停电施工	● 是否配合调研与意见征求 ● 是否支持与配合供电设施改造工作	影响力星级 ★★★★★
地方政府	● 解决老旧（弃管）小区供电问题 ● 电网安全稳定运行 ● 社会稳定	● 是否牵头征求业主意见 ● 是否出资 ● 组织验收 ● 决算审计 ● 汇总审定 ● 结算补助资金	影响力星级 ★★★★★
媒体	● 挖掘新闻价值	● 新闻内容是否有利于公众正确认识老旧（弃管）小区产权责任	影响力星级 ★★★★

解决方案

关键利益相关方	工作现实情况		参与及合作方式	利益相关方参与及合作策略
老旧（弃管）小区业主	**标准化流程**		● 问卷调查、定期沟通	● 与老旧（弃管）小区业主进行良好沟通，征求意见，从改造意愿统一的小区先行启动 ● 提前告知停电施工时间
	进度受阻	● 业主不配合意见征求工作	● 多方会谈、入户走访	● 促请由政府牵头、供电企业配合开展利益相关方意见征求
		● 由于居民担心健康问题或施工扰民问题导致阻工或信访	● 多方会谈、入户走访	● 由政府牵头，组织召开协调会 ● 与业主沟通停电施工时间 ● 宣传安全用电知识与电磁感应知识
地方政府	**标准化流程**		● 工作汇报、函件往来、定期协商	● 根据国家相关电力法规及当地政府要求，与政府分别承担相应职责
	进度受阻	● 对变电站建设、噪声、电磁辐射等存在误解，引发不满	● 定期协商、专程拜访	● 建立政企协作机制，与政府协商出资方与出资比例 ● 配合政府完成验收移交、决算审计、汇总审定
		● 因周边居民个人原因拒绝电网建设	● 专项汇报、指导改进	● 建立专项沟通机制，按照政府相关要求进行整改，配合政府完成验收移交、决算审计、汇总审定

续表

关键利益相关方	工作现实情况	参与及合作方式	利益相关方参与及合作策略
媒体 标准化流程		● 环保宣传	● 实时递送电网规划信息，进行变电站建设、噪声、电磁辐射等正确宣传
进度受阻	● 披露负面信息	● 联合行动	● 推动与媒体建立沟通机制，实时进行信息递送，保证信息量和正确性，规范舆论导向 ● 帮助寻找新闻点，进行良性合作

效果评估

效果评估阶段，通过问卷调查、走访调研、专程拜访等方式收集利益相关方的意见，并从内、外部维度进行评价，评价结果及时反馈到内部相关部门，及时进行工作改进，做到利益相关方参与及合作闭环管理。

内部维度
- 老旧（弃管）小区改造工作是否顺利推进。
- 老旧（弃管）小区改造工作中利益相关方参与及合作是否对工作有促进作用。
- 老旧（弃管）小区改造工作中遇到的问题及难点是否有效解决。

外部维度
- 是否有效减少因老旧（弃管）小区设备故障停电对电网的冲击，保障电网安全运行。
- 老旧（弃管）小区业主对改造工作是否满意。
- 公众是否对小区内电力设施与健康的关系形成正确认识。
- 媒体传播信息是否有利于供电企业美誉度的提升。

案例

国网自贡供电公司
政企协作结出多方共赢之果

背景分析

自贡是一个具有人文情怀的城市，然而老旧（弃管）小区因供配电设施维护和抢修而导致的用电纠纷不断发生，严重影响居民正常用电，成为广大城市居民反映强烈、意见集中、亟待解决的热点问题之一。

虽然国家相关电力法规、物业管理条例对住宅小区电力设备资产的产权有明确的规定，但是由于维护与改造资金难以落实，老旧设备的维护、更新换代得不到保障。另外，由于缺少有效的沟通，客户对责任边界存在误解，容易产生不必要的纠纷，甚至影响社会和谐稳定。

关键利益相关方

> 地方政府
> 老旧（弃管）小区业主

解决方案

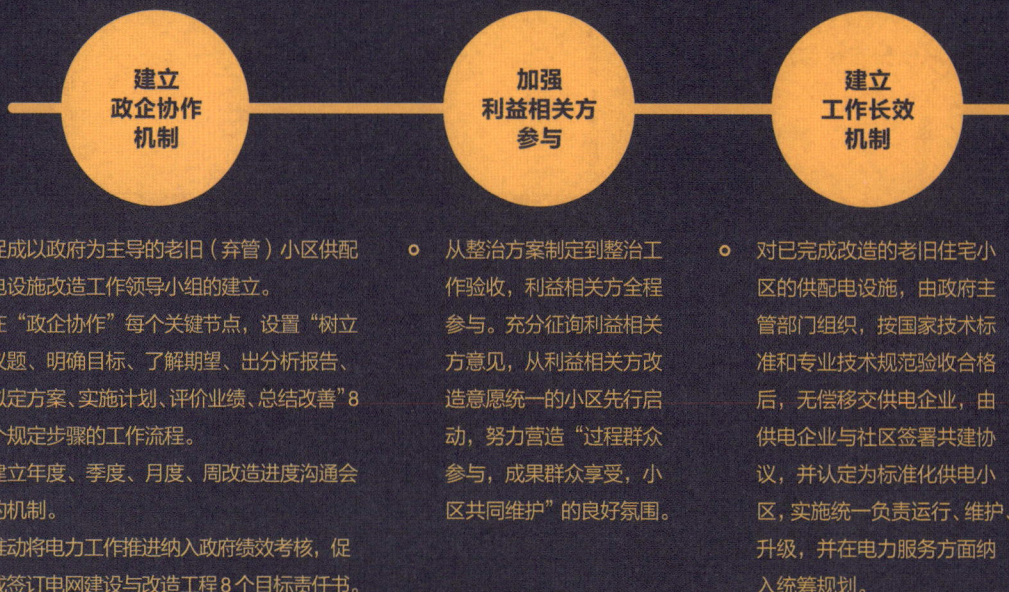

| 建立政企协作机制 | 加强利益相关方参与 | 建立工作长效机制 |

- 促成以政府为主导的老旧（弃管）小区供配电设施改造工作领导小组的建立。
- 在"政企协作"每个关键节点，设置"树立议题、明确目标、了解期望、出分析报告、拟定方案、实施计划、评价业绩、总结改善"8个规定步骤的工作流程。
- 建立年度、季度、月度、周改造进度沟通会的机制。
- 推动将电力工作推进纳入政府绩效考核，促成签订电网建设与改造工程8个目标责任书。

- 从整治方案制定到整治工作验收，利益相关方全程参与。充分征询利益相关方意见，从利益相关方改造意愿统一的小区先行启动，努力营造"过程群众参与，成果群众享受，小区共同维护"的良好氛围。

- 对已完成改造的老旧住宅小区的供配电设施，由政府主管部门组织，按国家技术标准和专业技术规范验收合格后，无偿移交供电企业，由供电企业与社区签署共建协议，并认定为标准化供电小区，实施统一负责运行、维护、升级，并在电力服务方面纳入统筹规划。

特色举措

整合社会资源

- 建立由政府主导、供电企业配合的"政企协作"机制，发挥双方的资源优势，让利益相关方参与供电问题的解决过程。

强化监督考评

- 推动"政企协作"监督考评机制建设，以电力工作会为核心，把电网规划、建设、通道治理、综合配套改造等工作纳入"政府目标考核"内容中，建立覆盖全部供电地区的政企常态沟通协调机制，加强组织管理体系建设，加强对电力工作会确定目标的监督考核，促进持续改进，保证政府、企业双方政策执行的效果与效率。

参与及合作成效

提高住宅小区居民用电质量

- 对老旧（弃管）小区老旧设备进行改造后，消除了设备安全隐患，有效缩短了低压线路供电半径减小小区供电线损，确保了居民安全用电和供电质量。
- 提高了线路健康状况，减少了故障停运率，避免了客户长久等候造成的误解和服务风险。

提高住宅小区配电网安全运行水平

- 标准化模式实施后，小区供配电设施作为电网固定资产的一部分，由供电企业统一运行维护管理。
- 运行维护由供电企业专业团队按专业标准负责，解决了目前运维管理不善的问题。

电力工作推进纳入政府绩效考核

- 促成了自贡市委书记、国网四川电力主要负责人参会的地市级最高规格电力工作会的召开，会议下发了《自贡市人民政府关于加强电网规划建设工作的意见》和《关于印发 2015 年老旧弃管小区电力设施改造工作要求的通知》，会议通过将电力工作推进纳入了政府绩效考核，实现了"政企协作"新常态各项机制的进一步完善。

评价及改进

"政企协作"双方沟通越发顺畅，多项停滞 3 年以上的工程项目得以推进，政府在电网建设中也更加主动地扮演协调全局的角色，将电网建设纳入政府年度目标管理，"政企协作"及电网建设等相关工作纳入各区县目标（绩效）管理责任书等已形成常态化机制。

下一步，建议国网自贡供电公司在老旧（弃管）小区改造项目中进一步融合社会责任理念，在指导思想、决策过程、工作流程等方面充分考虑对环境、社会、利益相关方的影响，加强利益相关方参与，提高过程的透明度。

公用事业信息一体化采集

背景分析

推进电、水、气、热等公共事业信息一体化采集（多表合一）对智慧城市、综合能源服务等工作的推进意义重大。但目前由供电企业牵头实施的多表合一工程中常常面临供电以外的其他供能企业供气、供水、供热），因行业前景、数据保密等导致的合作意愿不高、政府政策和标准仍待完善、开发商和物业公司因项目涉及施工而有所顾虑的问题，使多表合一工作的推进面临巨大挑战。

利益相关方参与及合作目标

- 多表合一提供高效准确的数据，减少抄表成本，提高计量精确度，各方实现经济效益共赢。
- 多表合一改造、信息采集、数据安全等技术不断提高。
- 智慧社区、智慧城市建设速度加快。
- 涉及的建设、改造施工安全不扰民。

关键利益相关方识别

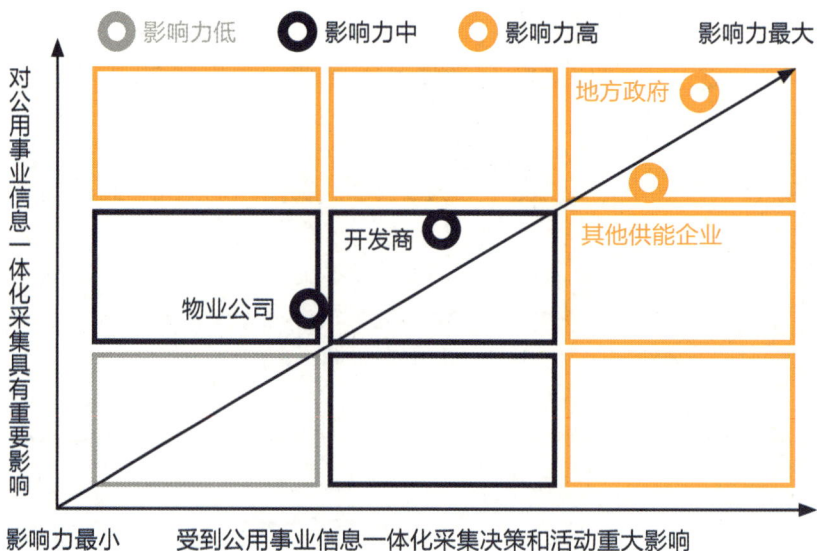

影响力低　影响力中　影响力高　影响力最大

对公用事业信息一体化采集具有重要影响

地方政府

开发商

其他供能企业

物业公司

影响力最小　　受到公用事业信息一体化采集决策和活动重大影响

关键利益相关方分析

关键利益相关方	诉求及期望	对议题的影响方式	影响力
地方政府	● 了解政策和标准在实际操作中遇到的问题以便动态修编	● 是否了解情况 ● 是否接受供电企业意见或建议	影响力星级 ★★★★★
其他供能企业	● 了解多表合一发展前景 ● 合作的责任边界能够明晰 ● 采集的数据信息准确率高、有可靠保障 ● 降低改造远程抄表设备的成本	● 合作与否	影响力星级 ★★★★★
开发商	● 新建小区在供电企业合作下预留多表合一工程接入通道 ● 已建成小区多表合一改造工程具有可行性且合法合规	● 合作与否	影响力星级 ★★★★
物业公司	● 已建成小区多表合一工程改造不扰民	● 出面阻工 ● 向有关部门投诉	影响力星级 ★★★

解决方案

关键利益相关方	工作现实情况		参与及合作方式	利益相关方参与及合作策略
地方政府	**标准化流程**		● 专门会议、专程拜访	● 供能公司根据实际情况提供调研报告或建议方案—与政府讨论—合理化意见—写入政策、标准
	进度受阻	● 不积极了解情况	● 专程拜访、高层对话、定期汇报	● 建立长效的沟通机制，双方定期交换有效信息
		● 拒绝修改现有政策、标准	● 高层对话、定期汇报	● 汇总各方意见，邀请第三方机构形成专业调研报告，积极主动与地方政府探讨政策、标准修编的可能性
其他供能企业	**标准化流程**		● 联合行动	● 达成合作意向—明确合作目标—明确合作边界—参与方案制定—完成多表集抄技术改造—安全地共享数据—不断提升多表集抄水平—降低运营成本、提升服务质量
	进度受阻	● 对合作前景存疑	● 多方会谈、调研走访、专程拜访	● 通过问卷了解其他供能公司对多表合一工作的认知深度 ● 行业论坛等形式探讨多表合一为供能企业发展带来的机遇与挑战，对合作共赢的价值达成共识 ● 通过展示厅等形式展示多表合一的建设成果
		● 责任边界不清晰	● 函件往来、座谈会	● 发出合作函，明确合作目标、责任边界 ● 签订合作协议书（或其他形式的正式合作文件），以有法律效应的制度文件规定各方责任
		● 担心采集信息不安全	● 专程拜访、联合行动	● 共同研究提升信息采集工作保密技术 ● 签订保密协议
		● 改造集抄设备的成本过高	● 座谈会、高层对话	● 创新合作模式，通过供电企业代收其他供能公司抄表费的方式降低成本 ● 共同研发更高效、低成本的改造技术
		● 抄表准确率不高	● 调研走访、专门会议	● 建立采集效果评估机制，各方进行情况反馈

续表

关键利益相关方		工作现实情况	参与及合作方式	利益相关方参与及合作策略
开发商	标准化流程		● 座谈会、函件往来	● 严格做好电网工程环境影响评价工作，提交环境影响报告表 ● 开展电网规划建设环境保护宣传 ● 建议公开电网建设相关数据信息
	进度受阻	● 多表合一工程规划与小区建设规划未能同步	● 座谈会、专程拜访	● 由业扩报装专业牵头做好与开发商的协调，在新建小区申请用电阶段成立专门的团队跟进协调 ● 老小区的多表合一改造方案获得审批，合法合规
物业公司	标准化流程		● 专程拜访、联合行动	● 宣传讲解国家征地、拆迁赔偿政策 ● 顺利签订征地赔偿协议
	进度受阻	● 担心工程扰民	● 调研走访	● 邀请物业公司相关负责人到施工现场参观，确保其所担心的问题不会发生

效果评估

效果评估阶段，通过问卷调查、走访调研、专程拜访等方式收集利益相关方的意见，并从内、外部维度进行评价，评价结果及时反馈到内部相关部门，及时进行工作改进，做到利益相关方参与及合作闭环管理。

内部维度

● 多表合一用户数量是否增加。
● 抄表运营成本是否下降。
● 其他供能企业的参与积极性是否提高。

外部维度

● 多表合一用户满意度是否提升。
● 采集数据准确率是否提升。
● 对政府相关的法规、标准制定是否有贡献。
● 推广的程度是否提升。

案例

国网山东电力
多表合一助力"智慧城市"建设

背景分析

国网山东电力自 2015 年以来，率先在济宁、威海、潍坊、青岛 4 个地市启动建设多表合一采集试点，2016 年在全省推广。在项目伊始，供水、供气和供热公司担心因为多表合一数据采集方式不当将用户数据置于不安全的风险之中；房地产开发商认为多表合一改造会造成重复建设，增加管理成本；物业公司担心改造过程中噪声扰民的问题，各利益相关方配合度不高。

关键利益相关方

> 地方政府
> 其他供能企业
> 开发商
> 物业公司

解决方案

提升技术

阳光合作

- 严格按照相关要求进行数据传送，对数据进行加密处理，并对敏感数据进行脱敏处理，为达成信息采集共识奠定基础。
- 在新建小区申请用电阶段，从设计、施工阶段即考虑增加预留多表合一采集能力，避免重复改造。

- 向供水、供气、供热企业发出合作函，推动与其成立联合工作组，签订战略合作协议。
- 与物业公司签署不入户改造协议，鼓励物业公司监督施工工作，打消物业公司疑虑。
- 为各利益相关方进行成本分析、发展前景分析，有效打消合作顾虑。

特色举措

政府主导

- 山东省住建厅、山东省质量技术监督局联合组织召开《"多表合一"信息采集建设标准》等三项山东省工程建设标准审查会，率先构建形成全国首个多表合一信息采集省级地方标准体系。

电网推动

- 调研全省 300 余家供水、供气、供热企业，与各单位达成合作意向。
- 试点与相关水务公司签订代抄协议，率先开展代抄、代维业务有偿服务。

供能企业协同配合

- 学习研究相关政策，与各利益相关方进行积极沟通。
- 参与方案制定，发挥自身专业性，保障方案的可行性与科学性。
- 积极开展信息采集工作反馈，合力优化采集工作、提升采集工作实施效果。

参与及合作成效

为政府、其他供能企业、客户创造了综合价值

- 整合用能服务，抄表及时率和准确率均提高至 99%，提升了社会公共事业服务水平。

形成可复制推广的信息一体化采集推进模式

- 模式已推广至山东省 17 个地市，并继续延伸至县城中心区。

彰显了国家电网的优秀品牌形象

- 试点工作被国家电网报等国网和行业媒体报道 60 余次，中央电视台等中央和省级媒体报道 76 次。
- 住建部、山东省住建厅、国家电网有限公司系统各省公司、多家地市公司，以及供水、供气、供热相关企业等多次参观国网济宁供电公司多表合一工作现场学习经验。

评价及改进

多表合一惠及广大民众，也关系"智慧城市"建设，更关乎国家能源发展。国网山东电力的"公用事业信息一体化采集共建'智慧城市'"项目打通了供能企业之间的合作顾虑和壁垒，搭建了多方共赢的沟通平台，为今后多表合一工作在全国各地推广提供了可复制的经验。

目前，山东省的多表合一工作已经在有序开展，但如何将这一工作升级为供电、供热、供水和供气等企业共赢的成熟商业模式，还有待更多的尝试。作为牵头的供电企业，应密切跟踪各项标准的实施执行情况，及时修订、完善标准有关内容，并以便捷互动、经济高效、全面覆盖、商业运营为目标，推进多表合一信息采集建设运营，全面支撑智慧城市建设，构建公开、透明、高效的"互联网+"能源运营模式。

安全用电教育

背景分析

安全用电教育不仅是供电企业的一项内部工作，而且是与社会公众有紧密联系的社会问题。同时，安全用电教育涉及政府、居民等多个利益相关方的利益协调，目前，安全用电教育面临投入大、成效低，各利益相关方边界模糊的问题，通过让各利益相关方参与到安全用电教育中，协同作战，推动各利益相关方的责任各归其位，提升安全用电教育的效率。

利益相关方参与及合作目标

- 让各利益相关方了解安全用电知识，避免用电事故发生。
- 投入的资源能够发挥作用，有效整合资源，实现资源的最优配置。
- 通过各方协作，推动各利益相关方的责任各归其位。

关键利益相关方识别

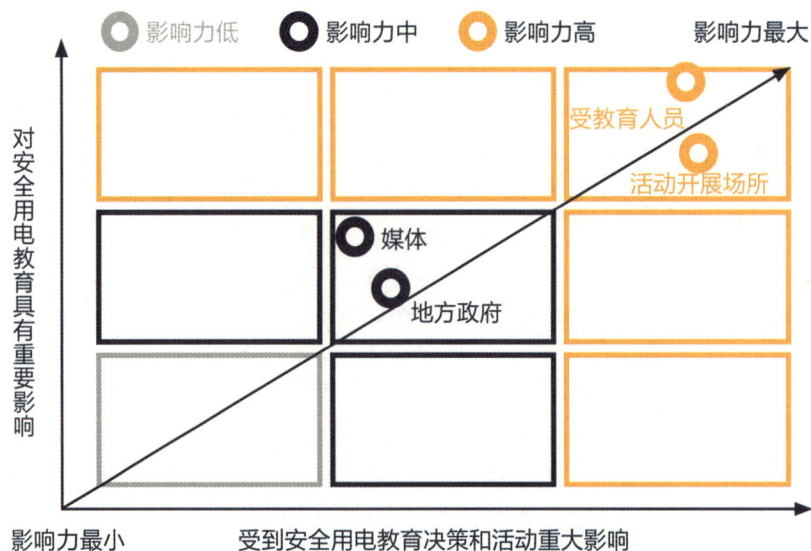

关键利益相关方分析

关键利益相关方	诉求及期望	对议题的影响方式	影响力
地方政府	● 提高受教育人员安全用电常识，避免发生触电事件	● 权威（政策）支持与否	影响力星级 ★★★★
活动开展场所	● 安全用电教育有序开展，形成常态化机制 ● 提高学生、居民等受众人群的安全用电常识，避免发生触电事件	● 配合与否 ● 场所提供与否 ● 现场秩序规范与否	影响力星级 ★★★★★
受教育人员	● 告知相关事宜开展情况，明确目标 ● 安全用电教育知识有针对性且适用	● 活动参加与否 ● 负面舆论引导	影响力星级 ★★★★★
媒体	● 了解安全教育活动的真实情况，信息公开、获得公众知名度	● 是否对安全教育活动工作给予正面宣传	影响力星级 ★★★★

解决方案

关键利益相关方	工作现实情况		参与及合作方式	利益相关方参与及合作策略
地方政府	**标准化流程**		• 定期协商、共同行动	• 提前与安全教育活动涉及的政府相关部门建立联系，如安监局、林业局、教育局等，形成联合工作组，促使发文支持
	进度受阻	• 政府相关部门工作任务重，参与及合作力度不够	• 专程拜访、定期协商、高层对话	• 专程拜访，解释安全教育活动的意义和影响，促使发文支持 • 进行高层对话，把控安全用电教育战略定位
活动开展场所	**标准化流程**		• 走访调研、专程拜访、多方会议、联合行动	• 活动开展前进行项目启动会，开展多方会谈，推动形成联合工作组，明确各方责任，达成合作共识
	进度受阻	• 参与积极性不高	• 调研走访、专程拜访、定期协商	• 通过走访，了解涉及安全教育场所的管理人员对于开展安全教育积极性不高的原因及希望得到的安全用电教育形式和效果，制定针对性的活动方案 • 形成定期沟通协商机制，及时回应其诉求和期望
		• 小区物业担心发生群体性事件	• 联合行动	• 与小区物业、政府安监部门形成联合工作组，分区域管控，明确分工，共同安排人员保障现场秩序
		• 学校担心影响学生学习	• 定期协商、专程拜访	• 提前沟通了解学生课业状况、学校安全用电教育需求等事项，制定专项活动方案，在不影响学生学习前提下开展活动 • 与学校联合行动，对教师进行安全用电教育培训，并在日常教学过程中纳入安全用电知识
		• 安全教育活动无法形成长效机制	• 定期协商、联合行动	• 与活动开展场所形成长效沟通机制，并制订长期的安全用电教育计划，定期开展活动，形成常态化机制

续表

关键利益相关方	工作现实情况		参与及合作方式	利益相关方参与及合作策略
受教育人员	标准化流程		● 活动开展	● 通过视频宣讲、发放宣传资料、现场讲解等方式开展安全用电教育活动
	进度受阻	● 参与程度低	● 调研走访、多方会谈	● 收集利益相关方诉求，了解其希望的活动开展形式和内容，并针对以上诉求进行专项方案制定
		● 受教育人员安全用电知识水平差距大	● 调研走访、专程拜访、联合行动	● 与活动开展场所管理人员、居民/老师代表等形成联合工作组，开展多方会议，了解受教育人员的真实认知水平，并制定分层级的活动方案
媒体	标准化流程		● 宣传报道	● 实时递送活动开展情况，进行安全用电教育活动的正面宣传
	进度受阻	● 披露负面信息	● 联合行动	● 推动与媒体机构成立合作平台，实时进行信息递送，保证信息量及其正确性，规范舆论导向 ● 帮助寻找新闻点，进行良性合作

效果评估

效果评估阶段，通过问卷调查、走访调研、专程拜访等方式收集利益相关方的意见，并从内、外部维度进行评价，评价结果及时反馈到内部相关部门，及时进行工作改进，做到利益相关方参与及合作闭环管理。

内部维度
● 安全用电教育活动是否如期顺利开展。
● 安全用电教育活动中利益相关方参与及合作是否对工作有促进作用。
● 安全用电教育活动中遇到的问题及难点是否有效解决。

外部维度
● 是否符合政府相关部门要求，政府相关部门对安全用电教育活动满意度如何。
● 是否与活动开展场所及受教育人员实现良好对接，活动开展场所及受教育人员对安全用电教育活动满意度如何。
● 媒体传播信息是否有利于供电企业美誉度的提升。

案例

国网新疆电力
"小喇叭"守护大安全

背景分析

新疆阿勒泰地区有 66 所小学、50545 名在校生、25261 户（约 10.6 万人）农牧民、约 6000 名留守儿童，多数位于偏远农牧区的牧民将孩子寄宿在学校中，当地中小学生普遍缺乏安全用电常识，未成年人的安全用电教育问题迫在眉睫。然而，教育局、安监局、学校、团委和学生家长等利益相关方各自零散开展宣传活动，缺乏系统策划，宣传效果欠佳。

关键利益相关方

> 政府
> 学校和教育局

解决方案

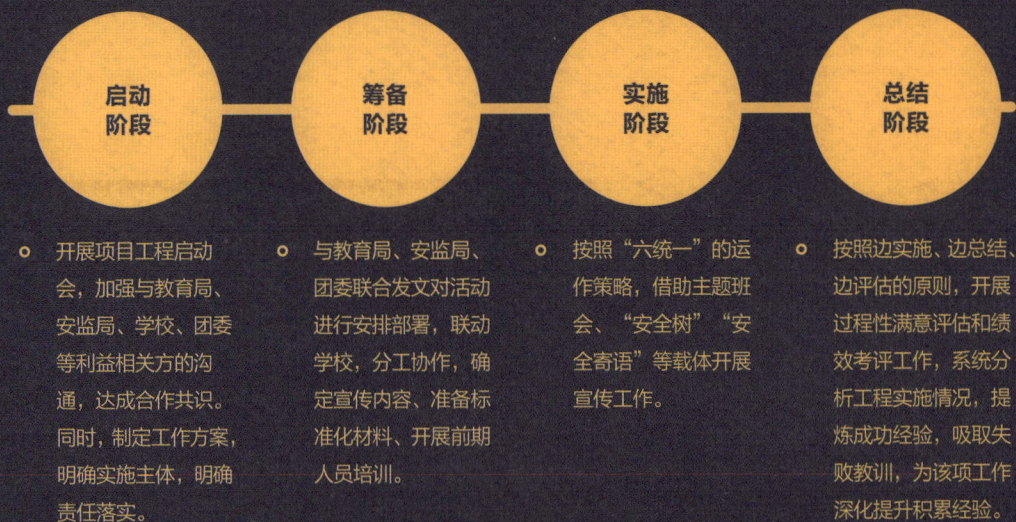

启动阶段	筹备阶段	实施阶段	总结阶段
◦ 开展项目工程启动会，加强与教育局、安监局、学校、团委等利益相关方的沟通，达成合作共识。同时，制定工作方案，明确实施主体，明确责任落实。	◦ 与教育局、安监局、团委联合发文对活动进行安排部署，联动学校，分工协作，确定宣传内容、准备标准化材料、开展前期人员培训。	◦ 按照"六统一"的运作策略，借助主题班会、"安全树""安全寄语"等载体开展宣传工作。	◦ 按照边实施、边总结、边评估的原则，开展过程性满意评估和绩效考评工作，系统分析工程实施情况，提炼成功经验，吸取失败教训，为该项工作深化提升积累经验。

特色举措

一个平台

- 充分利用"供电服务"微信平台，向政府单位、广大师生和家长等重要客户定期推送安全用电知识。

二维兼顾

- 面向内部各部门及外部各利益相关方，明确工作节点和工作内容，细化工作流程，确保各方协同、有效推进"小喇叭"传播工程。

三方联动

- 与传播工程中的关键三方（政府、学校和家长）深度联动，形成"内外一心，协同推进"的良好局面。

四个阶段

- 每年定期按照"启动—筹备—实施—总结"阶段组织实施。

五项机制

- 建立问题搜集机制、跟踪机制、评价改进机制、绩效考评机制、协同推进机制，全面保障。

六个统一

- 确定统一时间、统一内容、统一教案、统一培训、统一形象、统一品牌的品牌运作策略。

参与及合作成效

减少儿童用电安全事故

- 通过利益相关方参与及合作，阿勒泰地区发生儿童用电安全事故较 2015 年前降低了 30%。

增强校园用电宣传质效

- 通过利益相关方协力合作，共同推进校园用电知识"小喇叭"活动，惠及 40078 个孩子、3 万余户家庭，得到家长和孩子的一致好评。

形成利益相关方联动机制

- 全面调动整合了地方政府、学校等外部力量的核心优势，在切实提高学生安全用电意识的同时，将利益相关方参与及合作的理念融入项目执行全过程，充分回应了利益相关方诉求，提升了利益相关方满意度。

评价及改进

供电企业作为安全用电教育的主要参与方，主动履责，与各利益相关方形成联动机制，全面整合地方政府、学校等外部力量的核心优势，有效解决了阿勒泰地区未成年人安全用电教育问题，下一步"小喇叭"平台可以跟公共数据平台对接，解决社区、农村地区的安全用电教育问题。

其他活动中的利益相关方参与及合作

社会公益

背景分析

供电企业是国民经济的重要支柱，也是主动承担社会责任、践行社会公益的主体。当前，供电企业自身资源、能力及体制等方面存在限制，无法满足社会的全部公益要求。因此，充分考虑各利益相关方的诉求和期望，积极推进各利益相关方参与及合作，优化配置内外部资源，形成长效合作机制，共同推动项目顺利开展十分必要。

利益相关方参与及合作目标

- 社会公益活动得以顺利开展，切实解决相关社会问题。
- 有效整合资源，实现资源的最优配置。
- 通过各方协作，形成长效机制改变一次性公益消费模式，实现社会公益的可持续性。
- 社会公益项目产生品牌效应，赢得广大公众对供电企业的认可，产生良好的社会影响力。

关键利益相关方识别

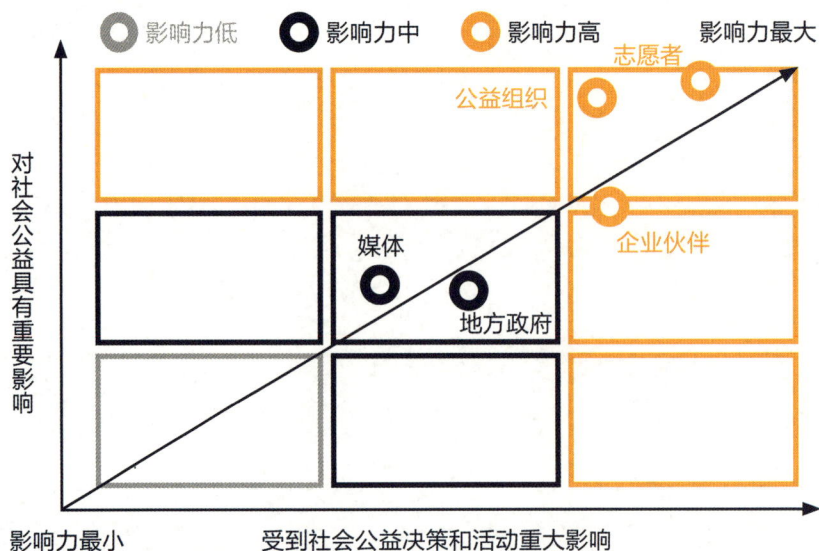

关键利益相关方分析

关键利益相关方	诉求及期望	对议题的影响方式	影响力
地方政府	● 企业分担政府压力，帮助解决社会问题，维护社会稳定	● 受助信息提供与否 ● 资金支持与否	影响力星级 ★★★★
公益组织	● 获得企业资金、专业技术及人员支持，顺利开展公益活动 ● 提高公益组织知名度	● 合作与否 ● 专业水平高低	影响力星级 ★★★★★
企业伙伴	● 通过公益互动，获得外部对企业的认可，提升企业形象 ● 能发挥企业的专长，尽企业所能服务社会发展	● 资金支持与否 ● 技术支持与否 ● 人力支持与否 ● 是否有合作意愿	影响力星级 ★★★★★
志愿者	● 通过帮助他人，提升个人价值和成就感 ● 参与解决社会问题	● 捐赠与否 ● 志愿服务提供与否 ● 志愿服务能力高低	影响力星级 ★★★★★
媒体	● 挖掘新闻价值，提升社会公信力和影响力	● 正面报道传播与否 ● 负面信息传播与否	影响力星级 ★★★★

解决方案

关键利益相关方	工作现实情况		参与及合作方式	利益相关方参与及合作策略
地方政府	**标准化流程**		● 专程拜访、调研走访	● 通过政府部门之间沟通，识别受助对象，回应政府诉求 ● 获得政府支持，为后续工作开展提供便利
	进度受阻	● 政府建议的公益项目难度过大	● 工作汇报、定期协商、高层对话	● 定期协商公益活动范围及内容，整合双方诉求的基础上，确定合适的公益活动 ● 必要时通过高层对话，获得政府理解和支持
公益组织	**标准化流程**		● 专程走访、定期协商、联合行动	● 通过公益组织了解公益需求，探索合作模式，如购买公益服务等，开展有针对性的公益活动，共同制定公益活动方案
	进度受阻	● 公益组织想发挥主导作用，只需供电企业投入资金和志愿者	● 定期协商、专程拜访、联合行动	● 成立公益联合工作小组，定期与公益组织开展协商沟通会议，在调研需求的基础上增加供电企业参与的主动性和影响力
		● 项目方案与实际需求不一致	● 定期协商、联合行动	● 定期协商会议期间及时了解需求变化，调整公益活动方案
企业伙伴	**标准化流程**		● 定期协商、多方会谈	● 与伙伴企业建立联盟，明确各自的职责，争取人力、物力、财力支持 ● 联合宣传，提供双方企业形象
	进度受阻	● 有合作意愿，但没有足够的资金	● 专程走访、定期协商、多方会谈	● 与伙伴企业定期协商，了解实际需求及困难，通过员工志愿者及技术支持参与社会公益活动
		● 外部企业员工志愿者有限，参与意愿不高	● 专程走访、多方会谈	● 通过问卷调查及走访的形式了解企业员工志愿者的实际情况，并针对参与意愿不高的问题制定针对性解决办法，及时调整公益服务资源整合方案

续表

关键利益相关方	工作现实情况		参与及合作方式	利益相关方参与及合作策略
志愿者	**标准化流程**		● 联合行动	● 招募内部和外部志愿者，明确志愿服务事项和内容，保障公益活动的顺利开展
	进度受阻	● 志愿者数量有限	● 联合行动	● 与社会公益组织及政府组成联合工作组，共同招募外部志愿者 ● 发动企业内部志愿服务组织及党员服务队，纳入志愿者队伍
		● 志愿者服务时间有限	● 调研走访、联合行动	● 实际调研志愿者诉求及困难，及时调整公益活动方案，在不耽误志愿者正常工作的同时，进行常态化的公益活动
		● 志愿者服务能力不足	● 走访调研、培训	● 针对部分志愿者的困惑，制定与社会公益活动相关的培训，保障活动顺利开展
媒体	**标准化流程**		● 宣传报道	● 找到公益活动的新闻点宣传，提升媒体影响力
	进度受阻	● 披露负面信息	● 联合行动	● 推动与媒体机构成立合作平台，实时进行信息递送，保证信息量和正确性 ● 帮助寻找新闻点，进行良性合作

效果评估

效果评估阶段，通过问卷调查、走访调研、专程拜访等方式收集利益相关方的意见，并从内、外部维度进行评价，评价结果及时反馈到内部相关部门，及时进行工作改进，做到利益相关方参与及合作闭环管理。

内部维度

- 社会公益活动是否如期顺利进行。
- 社会公益活动中利益相关方参与及合作是否对工作有促进作用。
- 社会公益活动中遇到的问题是否有效解决。

外部维度

- 是否满足政府、社会组织、伙伴企业的期望，各利益相关方对社会公益活动满意度如何。
- 是否满足志愿者提升个人价值的期望，志愿者对社会公益活动满意度如何。
- 受助群体的问题是否得到有效解决，其对供电企业评价如何。
- 媒体传播信息是否有利于供电企业美誉度的提升。

案例

国网资阳供电公司
公益战略联盟"红细胞"在行动

背景分析

四川资阳地区传统公益模式中资源单向输出存在缺陷、品牌化运作程度不高、公益行动间缺少有效协同整合机制等问题，公益活动的成效欠佳。国网资阳供电公司充分挖掘"红细胞"工程的优秀理念，扩大公益项目的内涵，增加与利益相关方的参与及合作，不断提升"红细胞"工程的社会影响力，带动和推动社会各界共同成立学雷锋"红细胞"志愿服务联盟，建立战略公益联盟平台良好的运行机制，传播志愿服务理念，弘扬志愿服务精神，吸引更多单位、社会组织和个人加入志愿服务队伍，形成公益服务活动的长效机制。

关键利益相关方

民政局
红细胞志愿者
通信企业
医疗单位
交通部门
教育部门
媒体

解决方案

- 对于社会关注的农网改造升级等民生事项，针对性开展公益活动，招募社会志愿者，回应社会关切。
- 面向社会开通微信公众号，印发管理办法，加强与"掌上资阳"、物业公司的微信联动，不断提升服务水平。
- 聘请行风监督员，及时了解社情民意。
- 主动走访"两代表一委员"，邀请各级人大代表和政协委员视察供电工作，听取意见和建议。
- 与资阳电视台、资阳日报建立战略合作关系，邀请记者走进供电公司或走访客户。
- 定期举办"红细胞"沟通日，邀请政府、合作伙伴、客户和媒体等利益相关方共同参与，及时披露"红细胞"服务地方经济发展和民生改善的达标实践。
- 开展"红细胞"助力民生实事主题传播，在"国网四川电力"微信、"掌上资阳"等微信平台，发布"红细胞"积极践行社会责任的信息，加强价值输出和利益相关方感知评价。

- 建立帮扶台账 171 本，将供区内 122967 户特困户、五保户全部登记在册，把 550 户家庭列为长期帮扶对象。

健全组织保障体系 — **受助群体调研** — **培育服务型员工** — **发动社会共同行动**

- 成立由供电公司各部门及下属各单位组成的点线面三级组织体系，"红细胞志愿者为点、红细胞服务（突击）队为线、红细胞责任区为面"，明确各体系职责。

- 通过畅通先进员工发声机制，建立志愿者积分台账等举措，激发员工参与志愿活动热情，形成比优赶先、不甘人后的良性竞争氛围。

特色举措

整合社会力量，搭建战略联盟平台

○ 制定服务资源整合方案，搭建战略公益联盟平台。

○ 发动员工广泛参与，建立激励机制，鼓励内部员工服务创新，创建特色服务。

○ 带动社会力量，整合社会公益资源，组建志愿者服务站和爱心公益联盟。

品牌化运作，吸引社会各界参与

○ 充分挖掘"红细胞"工程的优秀理念，扩大公益项目的内涵，增加与利益相关方的参与及合作，不断提升"红细胞"工程的社会影响力。

○ 通过品牌化的运作，逐步扩大影响，扩充内涵，促进更大范围的利益相关方参与及合作。

做好项目管理，理顺平台机制

○ 以企业管理和项目管理的科学方法论和工程学的流程体系去管理好项目运作实施，保障"红细胞"项目的长期运行。

○ 建立战略公益联盟平台良好的运行机制，采取闭环管理、轮值主席制度。

参与及合作成效

资源的有效利用

○ 通过需求调研的方式获取受助者的需求，根据需求提供服务，避免了公益服务盲目性和资源浪费的问题。

整合社会资源

○ 联合了资阳市 14 家企事业单位，将针对文明城市创建、精准扶贫、关爱社会弱势群体等方面社会议题开展志愿服务。

公益活动的影响力和品牌性

○ "红细胞"工程实施以来，从 1 个人受益到 100 万人受益，成为资阳为民服务的典范，得到社会各界的关注和认同，具有一定的影响力和公益品牌性。

评价及改进

供电企业作为公益战略联盟的主要参与方，主动履责，搭建信息共享平台，促进各利益相关方共同参与及合作完成社会公益活动，有效地解决了社会问题。下一步可以借助公益组织等其他专业机构资源，有效管理公益联盟平台，确保问题高效和长效解决。

社会责任沟通活动

背景分析

供电企业在日常运营过程中，有责任提升企业运营透明度，积极与各利益相关方沟通，但以往沟通策略不系统、沟通对象管理粗放、对"诉求调研、面对面交流、现场体验"等互动式沟通方式的探索实践较为欠缺，积极寻找新的沟通合作模式，提高企业透明度，促进企业与社会各界建立基于价值认同的相互信任关系，夯实发展的社会基础，提升企业履行社会责任的能力和水平十分必要。

利益相关方参与及合作目标

- 提升社会沟通水平，促进利益相关方参与及合作，有效地组织和分配企业的有限资源。
- 促进企业与社会各界建立基于价值认同的相互信任关系，提升企业品牌形象，为企业发展营造良好的社会舆论环境。

关键利益相关方识别

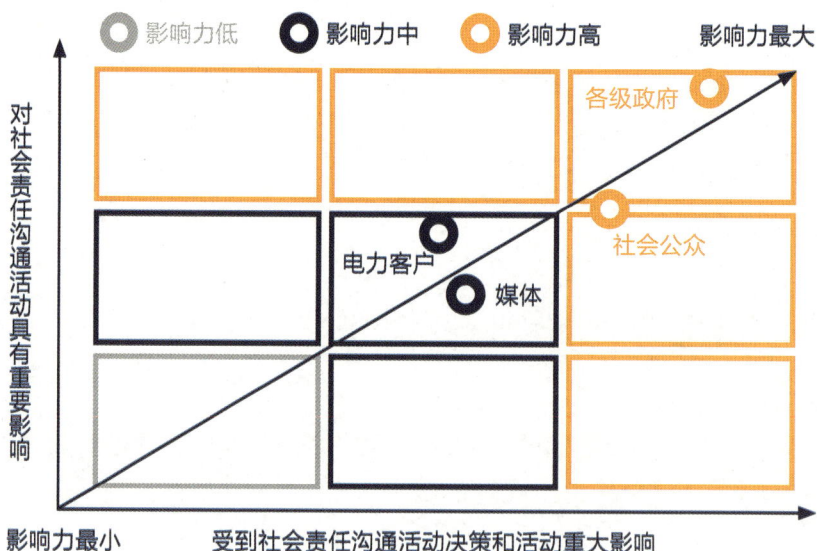

影响力低　影响力中　影响力高　影响力最大

对社会责任沟通活动具有重要影响

各级政府
社会公众
电力客户
媒体

影响力最小　　受到社会责任沟通活动决策和活动重大影响

关键利益相关方分析

关键利益相关方	诉求及期望	对议题的影响方式	影响力
各级政府	● 供电企业能够积极了解、参与并支持政府的工作规划	● 强大的行政执法权 ● 法律和政策支持与否	影响力星级 ★★★★★
社会公众	● 了解自身权利，掌握安全用电知识	● 负面舆论引导	影响力星级 ★★★★★
电力客户	● 提前了解电费标准、服务流程、调度交易、停电计划等重要信息，安排生活及生产	● 投诉与否 ● 负面舆论引导	影响力星级 ★★★★
媒体	● 发现新闻热点 ● 与供电企业形成长期合作关系	● 传播正确的舆论信息	影响力星级 ★★★★

解决方案

关键利益相关方	工作现实情况	参与及合作方式	利益相关方参与及合作策略
各级政府	**标准化流程**	• 函件往来、企业官方媒体、新闻发布、工作汇报	• 定期进行工作汇报，汇报企业服务地方经济社会发展的重要工作及各阶段电力供需形势，了解地方经济社会发展规划 • 通过官方网站、微博、微信传播社会责任实践 • 及时递送年度社会责任报告，传达社会责任信息
	进度受阻 • 沟通议题不切合政府关注点	• 专程拜访、定期协商、高层对话	• 主要负责人带队拜访政府相关领导，在每年全国、市、区（县）"两会"期间，企业和各基层单位负责人带队主动对接市、区（县）两级"四大班子"，邀请各级党委、政府参加职代会，了解需求，签署战略合作框架协议 • 与政府办公厅常态开展交流挂职，及时了解政策动向，就近宣贯政策、沟通汇报、答疑解惑，建立密切合作、互通互信的良好渠道 • 邀请政府参加社会责任报告发布会，拓宽与政府的沟通形式，提升沟通效果
社会公众	**标准化流程**	• 企业官方媒体、新闻发布	• 通过新闻发布会及官方媒体，公开电费标准、服务流程、热线电话等信息，定期发布调度交易、停电计划等重要信息
	进度受阻 • 负面舆论传播	• 调研走访、多方会谈	• 通过走访调研了解社会公众对供电企业的误解，并通过专程拜访进行细致讲解和宣传 • 与政府等相关机构形成联合工作组，共同开展工作，获得公众的理解和支持

续表

关键利益相关方	工作现实情况	参与及合作方式	利益相关方参与及合作策略
电力客户	**标准化流程**	● 定期协商、多方会谈	● 定期进行工作汇报，公开电费标准、服务流程、热线电话等信息，定期发布调度交易、停电计划等重要信息
	进度受阻 ● 电力客户沟通渠道不畅	调研走访、专程拜访、定期协商、多方会谈、联合行动	● 通过调研走访、专程拜访等方式了解电力客户的不同沟通形式，并针对不同客户采用不同沟通渠道和方式 ● 与大客户组成联合工作组，签订战略协议，促进企业运营透明度，增进理解和支持
媒体	**标准化流程**	● 新闻发布、信息递送	● 及时、客观通过媒体向公众披露坚强智能电网、电力供需形势、迎峰度夏、居民用电满意工程、抗洪保电等履行央企社会责任的重大决策和举措，增进各方理解、信任和支持
	进度受阻 ● 披露负面信息	● 联合行动	● 走访调研媒体实际需求，与媒体建立长效合作机制，及时递送具有新闻点的电网信息，进行良性互动

效果评估

效果评估阶段，通过问卷调查、走访调研、专程拜访等方式收集利益相关方的意见，并从内、外部维度进行评价，评价结果及时反馈到内部相关部门，及时进行工作改进，做到利益相关方参与及合作闭环管理。

内部维度

● 社会责任沟通工作是否如期顺利进行。
● 社会责任沟通工作中利益相关方参与及合作是否对工作有促进作用。
● 社会责任沟通工作中遇到的问题及难点是否有效解决。

外部维度

● 政府、客户、社会公众、媒体等利益相关方，对供电企业社会责任沟通工作是否满意。
● 媒体传播信息是否有利于供电企业美誉度的提升。

案例

国网江苏电力
"电靓美好未来"全民沟通行动

背景分析

2017 年的中央经济工作会议和 2018 年《政府工作报告》中均指出，营商环境就是生产力，要进一步优化我国营商环境，推动经济发展由高速增长向高质量发展转变。国网江苏电力作为国家电网有限公司系统规模最大的省级电网公司，以"中国品牌日"为契机，通过报装接电简化手续、优化环节、降低成本的系列举措，结合集时代感、参与感、体验感为一体的全民沟通方式，开展持续的社会责任沟通活动，增加企业运营透明度，提升利益相关方的社会感知度。

关键利益相关方

政府部门公职人员
企业客户
驻地媒体
城管（市容）部门
公安（派出所）
社区（村）居委会

解决方案

主题策划	全新的沟通载体	轻松的沟通方式	立体的参与方式

- 通过利益相关方调研及诉求分析，结合当前社会沟通形式和载体，从"中国品牌日"到"全民表白日"，以"电靓美好未来"为主题、"报装接电专项治理行动、电网绿色行动"为沟通内容，通过现场带入和线上推送的组合方式，将国网江苏电力优化办电的创新举措，生动直观地呈现给利益相关方和社会公众。

- 将改装的三辆电动汽车命名为"梦想电巴士"，搭载自主开发的电力 VR 游戏，游戏任务中植入了报装接电工作流程，让参与者轻松了解办电业务。
- 电巴士配置"电网绿色起航"车内微展，展现供电企业在电的生产、输送、消费各个环节落实绿色发展理念的做法。

- 从"走出去"到"请进来"再到"走出去"，将沟通的友好和效率、广泛和深度的结合。

- 有意愿参与全民沟通的公众，既可在现场体验办电程序和电网绿色行动，也可通过申领"梦想电巴士"爱心车票、阅读分享"电网绿色起航"等在线参与沟通。

特色举措

"时尚 + 简洁 + 趣味"

○ "时尚"指通过"梦想电巴士"快闪的形式，巧妙植入电力可以简单获得、更好获得的概念。

○ "简洁"指将晦涩难懂的专业业务和术语，用游戏语言重新编辑，在同一语言环境下，与体验者做到自然、有效的交流沟通。

○ "趣味"指体验者可以在玩游戏的同时轻松了解办电业务。

"业务透明 + 电网公益"

○ "业务透明"指通过电网报装接电业务的专项治理和流程梳理，将与用户关联的的工作内容，进行社会化解读和趣味化表现；将与用户无关的若干工作内容，制作成 20 秒短视频，实现社会公众对电网业务无门槛的感知评价。

○ "电网公益"指将"点亮未来城市"VR 游戏任务完成后，形成的办电经验值，与"国网阳光扶贫——爱心助学"公益项目关联，鼓励社会力量参与公益事业，提升沟通活动的温度。

参与及合作成效

有效传递供电企业声音

○ 将国网江苏电力转换服务视角、坚持绿色发展、广泛践行社会公益等声音有效传递给公众。

增进与主流媒体合作

○ 加强与省市主流媒体合作。中新社等中央媒体赴现场采访并发稿，省级以上主流媒体发稿 14 篇，南京著名直播平台——"大蓝鲸"APP 直播 30 分钟观看人数达 236221 人。

有效提升内部管理信心

○ 在国网江苏电力内部进一步建立信心、达成共识，一定程度上促进省政府出台文件，将优化电力接入作为加快推进"不见面审批（服务）"的主要任务。

评价及改进

在第二个"中国品牌日"即将来临之际，国网江苏电力突破常规，整合社会多方资源和力量，策划了一场顺应时代潮流让社会大众愿意参与、乐于分享的大型公众沟通行动，将利益相关方沟通会从"会场"搬到了"广场"，助力优化电力接入营商环境，改善全民的电力获得体验。

未来，国网江苏电力将责任沟通作为履行社会责任的有效途径，不断探索尝试有效率、有价值、有影响的沟通行动，通过责任沟通增进社会理解，促进多方参与及合作。

TOOLS
工具篇

利益相关方识别方法与分类工具 ···················· 110

利益相关方参与及合作调研方法 ···················· 112

利益相关方参与及合作分析流程 ···················· 115

利益相关方参与及合作管理工具 ···················· 116

利益相关方识别方法与分类工具

利益相关方识别方法

识别利益相关方可使用六维度识别方法。

企业现在或将来可能对这类利益相关方负有法律、经济、经营方面的责任，具体形式有法规、合同或行为原则（如员工、当地政府）。

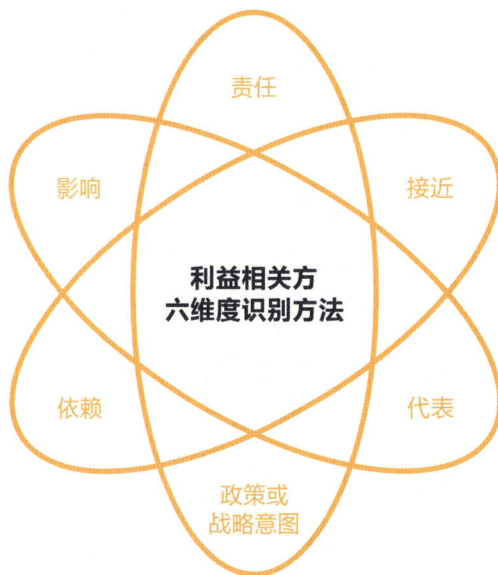

与这类利益相关方交往最多，包括内部利益相关方（如外聘员工的管理方、当地社区），维持长期关系的利益相关方（如合作伙伴），及组织日常运作所依赖的利益相关方（如当地政府、当地供应商）。

这类利益相关方能够影响企业目标的实现或影响其决策（如当地政府、股东）。

这类利益相关方根据规定、习俗或文化，能够合法地声明代表某一人群（如非政府机构）。

这类利益相关方对企业的依赖性最强（如员工和他们的家人、依赖企业产品的消费者等）。

这类利益相关方直接或间接与企业的政策或价值战略相关（如消费者、外雇员工的管理方、经销商），能够对企业新出现的问题或风险提供警告的个人或团体也属于此类利益相关方（如学术机构）。

影响　责任　接近

**利益相关方
六维度识别方法**

依赖　代表

政策或
战略意图

利益相关方分类工具

将利益相关方分类是制定差异化管理策略的前提，也是保障更有针对性地开展利益相关方参与及合作的基础。对利益相关方的分类有多种参考工具，在具体管理过程中可根据企业的实际情况选择最适宜的分类方法。

利益相关方分类工具一览表

弗雷德里克分类工具

分类细则
- **直接利益相关方**：与企业直接发生市场交易关系的利益相关方
- **间接利益相关方**：与企业发生非市场关系的利益相关方

示例
- 股东、员工、债权人、供应商、消费者、合作伙伴
- 政府、社会活动团体、媒体、一般公众、其他团体

克拉克森分类工具

分类细则
- **自愿的利益相关方**：在企业中主动进行了物质资本或人力资本投资的个人或群体
- **非自愿的利益相关方**：由于企业的活动而被动地承担了风险的个人或群体

示例
- 股东、员工、合作伙伴等

- 周边居民、自然环境等

威勒分类工具

分类细则
- **首要的社会性利益相关方**：与企业有直接的关系，并且有人的参加
- **次要的社会性利益相关方**：通过社会性的活动与企业形成间接联系
- **首要的非社会性利益相关方**：对企业有直接的影响，但不与具体的人发生联系
- **次要的非社会性利益相关方**：对企业有间接的影响，也不包括与人的联系

示例
- 客户、投资者、员工、合作伙伴、当地社区

- 媒体、竞争对手、社会组织

- 自然环境、非人类物种、子孙后代

- 环保组织、动物保护组织

米切尔分类工具

分类细则
- **确定型利益相关方**：同时拥有对企业问题的合法性、权力性和紧急性的群体
- **预期型利益相关方**：与企业保持较密切的联系，拥有合法性、权力性和紧急性三项属性中两项的群体
- **潜在的利益相关方**：是指只拥有合法性、权力性、紧急性三项特性中一项的群体

示例
- 股东、员工和客户等

- 当地社区、自然环境等

- 媒体、社会组织等

利益相关方
参与及合作
调研方法

利益相关方调研方法与程序

在某一特定议题里，对利益相关方进行认知度、合作诉求及期望、参与及合作方式期望等方面的调研，能够帮助供电企业有效进行利益相关方参与及合作的分析，便于供电企业制定相应的有针对性的解决方案。

利益相关方调研方法一览表

调研方法		优缺点
问卷调查法	就某一议题对利益相关方群体广之发放问卷，进行量化统计	● 能够进行较大范围的调查和量化统计与分析 ● 调研的深度和互动性有所欠缺
焦点小组法	就某一议题对利益相关方部分代表进行座谈等形式的交流	● 能够进行较强的互动性沟通和深度的调查 ● 对组织者的协调、沟通能力要求较高
个案研究法	就某一议题对关键利益相关方进行一对一访谈	● 有针对性，实现与利益相关方的最充分沟通 ● 调研效率相对较低
资料研究法	就某一议题进行相关资料搜集并研究	● 是对上述三种调查方法的有效补充和佐证

开展利益相关方参与及合作的调研时，可以遵循以下步骤：

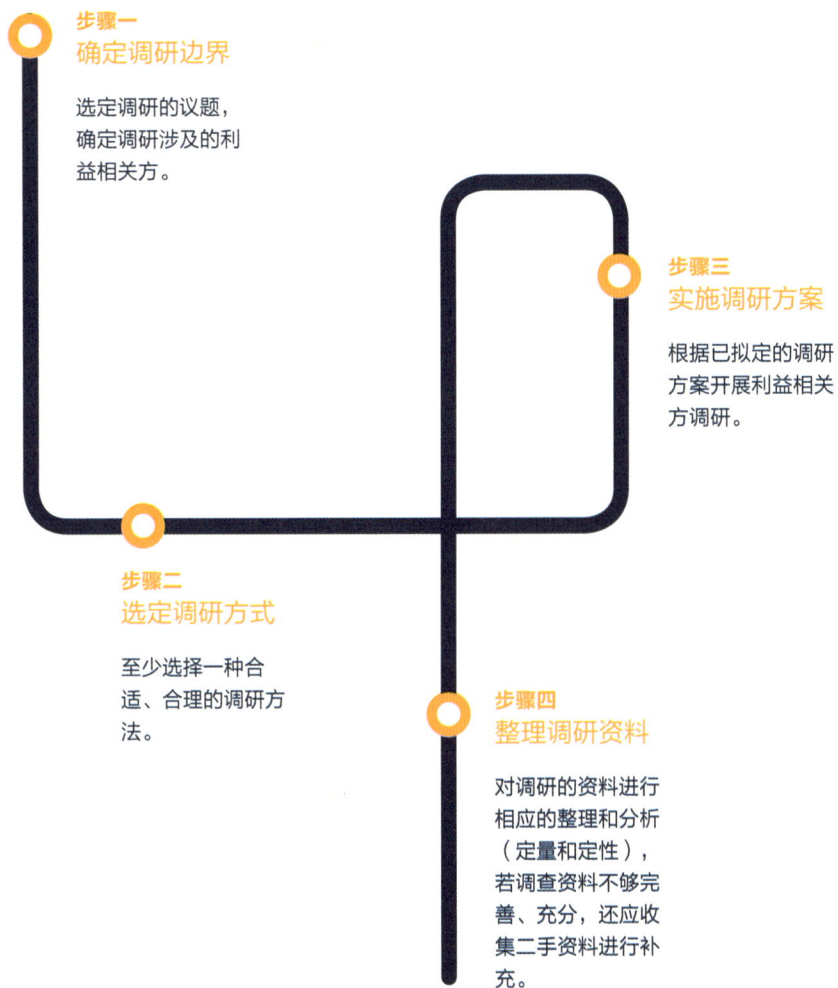

步骤一
确定调研边界

选定调研的议题，确定调研涉及的利益相关方。

步骤二
选定调研方式

至少选择一种合适、合理的调研方法。

步骤三
实施调研方案

根据已拟定的调研方案开展利益相关方调研。

步骤四
整理调研资料

对调研的资料进行相应的整理和分析（定量和定性），若调查资料不够完善、充分，还应收集二手资料进行补充。

利益相关方参与及合作调研表

以变电站规划选址议题为例，利益相关方参与及合作调研表如下：

尊敬的女士／先生：

您好！

为督促企业更好地服务社会、履行责任，更准确地了解利益相关方的期望和诉求、更有效地配合利益相关方的参与及合作，我们诚挚地感谢您抽出宝贵时间参与本次调研，对我们的工作提出意见和建议。

1. 您在变电站规划选址工作中属于哪一类利益相关方？

☐地方发展改革委　　☐地方规划局

☐地方环保局　　　　☐被征地居民

☐周边居民　　　　　☐媒体

☐其他 _____

2. 您对变电站规划选址工作的背景是否了解？

☐非常了解　　　　　☐基本了解

☐了解一点　　　　　☐听说过，不了解

☐没听说过

3. 您对变电站规划选址最关注的要素是什么？（可多选）

☐经济效益　☐环境保护　☐社会和谐

4. 您认为变电站规划选址的难点是什么？（可多选）

☐是否与地方经济发展规划的协调统一

☐是否对周边环境造成影响

☐是否与被征地居民的赔偿标准达成共识

☐是否得到周边居民对于变电站建设支持

☐其他 _____

5. 就变电站规划选址议题，您希望通过利益相关方的参与及合作达成怎样的目标？（可多选）

☐电网规划建设符合服务地方经济社会发展用电需求

☐电网规划与城市建设规划相一致

☐减少因选址引发的纠纷事件

☐电网规划考虑环境保护因素，符合环保要求

☐获得满意的征地、拆迁赔偿

☐变电站与居住区保持安全距离，减少电磁辐射

☐其他 _____

6. 就变电站规划选址议题，您希望供电企业给予您哪些支持？

☐科学的变电站规划选址方案

☐被征地居民的资金赔偿

☐关于电磁辐射的正确宣传

☐其他 _____

7. 就变电站规划选址议题，您具备哪些资源及优势？

☐政策文件等权威支持

☐可研审阅、批复等行政权力支持

☐正确舆论引导

☐其他 _____

8. 您希望以什么样的方式参与到变电站规划选址议题工作中来？

☐意见提供　　　☐全程监督　　　☐定期协商

☐联合行动　　　☐其他 _____

注： 因不同利益相关方参与及合作议题涉及的工作难点、利益相关方类型及其关注点等因素差异较大，故每个议题的问卷需要根据实际情况而调整问题选项。

利益相关方参与及合作分析流程

在利益相关方参与及合作的前期，供电企业需要对利益相关方参与及合作的议题、影响、诉求及期望、意愿、资源优势等因素进行深入分析。这个步骤是必不可少的，同时也是有固定模式可以遵循的。

步骤一
了解利益相关方参与及合作议题

厘清利益相关方参与及合作涉及的议题及议题在整个项目中所处的阶段。

对不同利益相关方能够影响项目进程的渠道、方式等进行梳理，对相应的影响能力进行评估。

步骤二
分析利益相关方参与及合作影响

步骤三
明晰利益相关方参与及合作诉求及期望

对不同利益相关方参与及合作的诉求及期望进行梳理和分类，抓取合理、关键且可解决的诉求及期望。

对利益相关方目前阶段的参与及合作意愿进行分析，可按照"高、中、低"或"强烈、一般、抵触"等排列。

步骤四
分析利益相关方参与及合作意愿

步骤五
分析利益相关方参与及合作的资源优势

对不同利益相关方参与及合作的资源优势进行分析，促进资源整合与优势互补，实现互利共赢。

利益相关方
参与及合作
管理工具

SWOT 分析工具

优劣分析法（SWOT）通过评价企业的优势（Strengths）、劣势（Weaknesses）、竞争市场上的机会（Opportunities）和威胁（Threats），帮助供电企业深入全面地分析议题所处的环境、利益相关方的影响因素等，可以帮助企业把资源和行动聚集在自己的强项和有最多机会的地方；让利益相关方（包括企业自身）优势发挥到最大，同时避免劣势和威胁。

供电企业在某一议题方面已经具备的优势，包括经验、资源、已有的进展等。

正在或将要出现的某些因素有利于利益相关方的参与及合作或问题的解决，如政策变化、资源补充等。

优势
Strengths **S**

机遇
O **Opportunities**

内部范畴 ———————

——————— 外部范畴

劣势
Weaknesses **W**

威胁
T **Threats**

供电企业在某一议题方面面临的不利处境，包括经验、资源、遇到的阻碍等。

正在或将要出现的某些因素不利于利益相关方的参与及合作或问题的解决，如利益相关方的不满、政策不利、经济不佳等。

5W1H 分析工具

5W1H 是一种思考方法，是对选定的项目、工序或操作，要从对象（What）、原因（Why）、地点（Where）、时间（When）、人员（Who）、方法（How）等六个方面提出问题进行思考。

在利益相关方参与及合作的过程中，供电企业需要就某一议题进行深入分析，列明 5W1H 的条目，界定责任边界，明晰参与及合作方式，整合资源，最后找出最优的解决方案。

- 联合水、气、热等供能企业推进公共事业信息一体化采集工作。
- 多表集抄的技术得到提升，提高服务水平。
- 对政府智慧城市建设提出建设性意见。

- 各方对合作的前景、模式、责任边界、技术等问题存疑。
- 现有政策和标准无法有力支持多表合一工作推进。

对象 What

地点 Where

- 需要进行多表合一建设 / 改造的新建小区和建成小区。

原因 Why

5W1H 在多表合一案例中的应用

时间 When

人员 Who

- 供能企业：供水、供气和供热等企业。
- 开发商和物业公司。
- 政府部门：住建部门、经信部门、能源局、发改委。

- 项目前期、中期和后期都涉及利益相关方参与及合作。

方法 How

- 深入调研，了解各方诉求。
- 与各方沟通互动，达成资源集约共建共识。
- 优化资源整合配置，提高改造效率。
- 加强考核管理，固化机制标准。
- 传播信息一体化采集工作价值，赢得各方支持。

图书在版编目（CIP）数据

利益相关方参与及合作管理手册 / 国家电网有限公司编 .——北京 ：
中国电力出版社，2018.6
　　（供电企业社会责任管理工具丛书）
　　ISBN 978-7-5198-2163-0

　　Ⅰ．①利… Ⅱ．①国… Ⅲ．①供电－工业企业－企业责任－
社会责任－研究－中国 Ⅳ．① F426.61

中国版本图书馆 CIP 数据核字（2018）第 127146 号

出版发行：中国电力出版社
地　　址：北京市东城区北京站西街 19 号（邮政编码 100005）
网　　址：http://www.cepp.sgcc.com.cn
责任编辑：周天琦（010-63412243）
责任校对：朱丽芳
装帧设计：北京参天树文化传媒有限公司
责任印制：蔺义舟

印　　刷：北京瑞禾彩色印刷有限公司
版　　次：2018 年 6 月第一版
印　　次：2018 年 6 月北京第一次印刷
开　　本：889 毫米 ×1194 毫米　16 开本
印　　张：7.75 印张
字　　数：239 千字
定　　价：55.00 元